U0085210

思想觀念的帶動者

文化現象的觀察者

本土經驗的整理者

生命故事的關懷者

SelfHelp

顛倒的夢想，窒息的心願，沈淪的夢想
為在暗夜進出的靈魂，守住窗前最後的一盞燭光
直到晨星在天邊發亮

認真的你，有好好休息嗎？

平衡三力，找回活力

Have You Ever Known How to Rest?

Eight Stories to Tell You How to Keep Your Body,
Brain and Mind Well-Balanced

黃天豪、吳家碩、蘇益賢——著

目錄

contents

| 推薦序 1 | 增強體力的訣竅？——懂得有效管理疲勞、正確恢復是關鍵！／何立安 ……… 9

| 推薦序 2 | 不只是好好休息，更要正確休息／蔡宇哲 …… 15

| 前言 | 從「三力」——體力、腦力、心力認識自己…… 19

| 本書使用方式 | 第一次讀「三力」案例就上手：如何閱讀本書 ……… 28

| 故事 ① | **夜深了，你總是讓自己主動失眠！？** …………33

小碩，上班族、好爸爸。工作忙碌，常加班。回家之後非常累。但奇怪的是，每到了該睡的時候，他卻總在網路、手機的世界「浪流連」。明明很想睡，卻硬是不讓自己睡，有次看影片看到快睡著，居然被手機砸到……

＃主動失眠 ＃休息競爭 ＃三個小休息

| 故事 ② | **不完美的完美主義** ……………………… 59

小綠，認真用功的好學生。即將面對人生中關鍵的大考，

只是她的腸胃卻開始不聽話，在考試時時常不舒服，她因此走入了諮商室。心理師告訴她，一直保持在「完美」的狀態，其實可能讓考試變得「不完美」，這是怎麼回事？

#完美主義 #壓力─表現關係 #你想當黑馬還是墜馬

| 故事③ | **連假下午在民宿遇見廣告設計師** ⋯⋯⋯⋯⋯ 87

阿德，廣告設計師。長期投入工作後腦力衰退。在主管建議下請了長假，成為「東漂」一族。在心理師旅行的路上，兩人在一間民宿相遇了，開始聊起廣告業的辛苦。心理師好奇，阿德是如何讓自己的腦力慢慢恢復的？

#正念減壓 #意志力 #半農半X的生活

| 故事④ | **一直受傷的重訓男子** ⋯⋯⋯⋯⋯⋯⋯⋯ 117

小偉，上班族，努力投入健身卻總是讓自己不斷受傷。教練發現後，邀請小偉來找心理師談談，卻意外讓小偉發現，原來自己在運動、重訓領域這麼拼命，都是為了處理小時候被霸凌的回憶⋯⋯

#自我概念 #自我差異理論 #找到好鏡子

目錄

contents

| 故事 ⑤ | **一場格外清晰的夢** ················· 149

小芬，聰慧而傑出的上班族，因情傷而走入諮商室，原本穩定的情緒，卻在靠近跨年時開始波動。原來，還在單身這件事讓她有點焦慮。而這個擔心，變成了一個讓她困惑不解的夢。心理師會如何陪她「解夢」呢？

#科學解夢法 #睡眠趨力 #日有所思夜有所夢

| 故事 ⑥ | **我那從「編輯」變成「小編」的朋友** ········ 179

阿華，夢想曾為「主編」，卻因為網路世代興起而變成「網路小編」的媒體工作者。某次社會案件採訪時，因疏忽用了「標題殺人法」，也沒給心理師審閱過就發文，惹怒了當時接受採訪的心理師。到底，阿華會如何跟心理師解釋呢？

#深度工作 #非理性信念 #找出你的價值觀

| 故事 ⑦ | **我可沒有把小孩忘在 IKEA 遊戲區喔** ····· 215

你也是想成為一百分的爸媽嗎？為什麼，在教養路上，我們努力讓自己更完美的同時，大腦與身體卻時常不聽使喚出亂子（好比把尿布放在冰箱而不自覺）。同時，嬰幼兒

的睡眠不穩，也讓大人筋疲力盡，該怎麼解？

#夠好的父母 #嬰幼兒的睡眠 #放下睡眠手環

| 故事⑧ | 退休後的人生？ ………………………… 241

陳老先生，私營企業的高級主管。退休後，他努力讓自己生活充實，但身體卻不聽話了。失眠、焦慮、恐慌症都跑出來了，而這一切症狀的根源，似乎都和某個陳老先生沒有覺察到的因素有關？

#生存焦慮 #讓失眠惡化的信念 #撥雲見日

增強體力的訣竅？──懂得有效管理疲勞、正確恢復是關鍵！

何立安

體育博士／體能教練

我是研究運動的。

我從小就是小運動員，小時候因為喜歡打架，所以當了跆拳道選手，中學階段接觸了國術擂台、武術散打，成年後繼續學習巴西柔術，年輕時期充滿了南征北討的回憶，也奠定了日後想要研究的方向和熱情。大學畢業服完兵役後，開始在國內外的體育相關科系求學，最後在美國拿了體育博士學位，正式展開對人體訓練科學的探索，多年的工作經驗讓我發現，這是一門多麼無窮無盡的科學。

如果要定義什麼是運動科學，許多人可能會想到各種職業運動賽事，或是學校裡的體育課，或者是社會上相當流行的路跑、騎車或是健身。不過其實，運動科學就是一門研究如何提升人體能力的科學。人體有很多能力，可以跑、可以跳、可以投擲、可以翻滾，而這背後是有複雜而微妙的生理學機制所控制，我們的神經系統會發出訊號，讓肌肉收縮牽動由骨骼所

組成的槓桿系統做出動作，而背後由源源不絕的能量系統來支持。運動科學就是在這些複雜的機制裡，尋找「有進步潛力」的身體素質進行改造並提升，讓人體長期維持健康強壯，進而可以做出超凡的表現。

訓練的過程有一件非常微妙的事，就是在每次訓練完畢的當下，其實人體的能力是「退步」的，唯有充分的休息恢復之後，人體才會開始展現出訓練後的進步效果，這樣的現象可以用一種稱為「一般適應症候群」的模型來描述，以肌力訓練來說，每次訓練對身體就是一次刺激，刺激過後身體會經歷疲勞和退步，在這個疲勞和退步正在發生的過程中，如果給予適當的恢復和休息，就會看到疲勞逐漸消散，而且更美妙的是，身體的力量會恢復到比訓練前更高的水準，這個時候就可以用更高的肌力進行下一次訓練。

一般適應症候群對人體能力進步的現象做出了描述，另一個稱為「體能疲勞模型」的概念，更進一步解釋了背後可能的機制。我們的人體每天都經歷著新陳代謝的過程，而作為一個在環境中求生存的生物體，人體會因應環境的刺激做出反應，調整新陳代謝的方向，所以，一次肌力訓練的刺激，等於是對身體輸入了一個壓力刺激，為了因應這個壓力刺激，人體的新陳代謝會朝向建立更強健的身體的方向走，希望未來再次遭遇壓力的時候，可以有更好的應對能力，這就是一個「向上適應」的過程。不過，一個壓力刺激對於身體來說可是一次強

認真的你，有好好休息嗎？──平衡三力，找回活力

力的打擊，身體在接受訓練的過程裡會產生許多細微的損傷和破壞，也會因為劇烈的消耗能量而產生代謝廢物，而這些東西累積起來就成為「疲勞」。所以，一次訓練過後，人體同時得到了一個「向上適應」的反應，以及一堆需要排除的「疲勞」。向上適應不會永遠存在，疲勞也不會永不消失，當新的一天來臨時，我們希望向上適應的效果盡可能還持續存在，但是疲勞要盡量趕快消失。如果一切安排得當，疲勞消散之後，身體呈現清晰的向上適應現象，以肌力訓練來說，就是在一次訓練接著適當恢復之後，肌力進步了。如果可以抓準時機持續複製這樣的成功經驗，就會產生一條漂亮的、波浪狀的長期向上適應曲線。

向上適應是身體能力的「正分」，疲勞則是身體能力的「負分」。向上適應要能夠有效率，必須選擇正確的刺激；想要提升耐力，就要使用耐力刺激；想要提升肌力，就要使用肌力刺激。換言之，刺激必須具有「專項特殊性」。疲勞則是一個麻煩的問題，疲勞是運動訓練難以避免的副產品，想要用力刺激身體以激發向上適應，就無可避免地會製造一些疲勞，而這些疲勞如果太劇烈，會掩蓋身體向上適應的效果，偏偏向上適應必須有非常精準的刺激才能引發，疲勞卻可以來自多種來源：訓練過後造成的疲勞、工作的勞累、人際關係的緊張、家庭壓力鍋，以及政治社會和經濟環境的各種挑戰，都會讓一個人感到心力交瘁。因此，如果要用最簡單的方法解釋運動科

學，其實就是一個操弄刺激和恢復以提升人體能力的技術，且精準而有效的刺激非常不容易取得，疲勞卻可以從四面八方累積，這使得運動科學成為一個複雜而深奧的學問。

關於訓練刺激該如何投入，其實已經有大量的書籍和資訊可以參酌，放眼訓練科學相關的書籍，我們會發現針對肌力訓練、耐力訓練、爆發力訓練以及各種專項特殊訓練的書籍非常豐富，簡直有百花齊放的感覺，該如何取得符合運動者目標的刺激方式，已經有了很豐富的論述。但是，關於訓練後該如何恢復，能夠尋找到的資訊卻十分稀少。

這種對於刺激和恢復的關注不均衡的情形可能反映了幾種背後的因素，第一就是運動者往往專注於訓練當中比較精彩的部分，例如奔跑、衝刺、跳躍、投擲、重量訓練等，這些大汗淋漓的劇烈運動過程很容易引人注意，導致於很多人在訓練成果不如預期的時候，往往只會去調整訓練刺激的部分，忘記了訓練的另外一大半功夫其實是恢復。其次，是過去對於恢復的理解相較於訓練刺激來說真的不多，很多時候教練或選手都只對恢復有一個模糊的概念，甚至有些運動者並不知道長期睡眠不足對運動表現的負面影響。

《認真的你，有好好休息嗎？——平衡三力，找回活力》是針對恢復而撰寫的一本罕見的好書，作者們一開始就精準地指出，疲勞可以來自不同來源，而不同來源的疲勞，則需用不同的方式去排除。作為一個運動科學的工作者，我認為這正是

目前大家所欠缺的應用工具，如果每一位訓練者都可以在取得正確的刺激之後，又能夠有效管理自己的各種疲勞，那麼他們將會得到最佳的恢復，並且爬上長期向上適應的曲線，產生最佳的訓練效果。

不只是好好休息，更要正確休息

蔡宇哲

台灣應用心理學會理事長
台灣睡眠醫學學會大眾教育委員會委員

　　在一次學校裡的馬拉松會議後我覺得非常疲倦，很需要靜下來休息。但隨之一想覺得有點奇怪，明明會議上我並沒有太多發言也沒提案，開會時當然也都坐著，了不起就是表決時舉個手，並沒有太多活動，那為什麼開完會之後會覺得整個人很累呢？當時想了一下，應該是一些奇妙的提案與討論非常消耗腦力，還有就是得對一些不合邏輯、天馬行空的發言花心力控制不翻白眼。因此雖然都坐著幾乎沒什麼勞動，卻已讓腦力與心力消耗殆盡，身體發出訊息要休息了。

　　很多人總覺得只有身體勞動才會累，因此只要身體沒什麼勞動就不需要休息，以至於會有許多工作與生活上的誤解。像是在 2017 年由於發生客運車重大意外，輿論在討論大客車司機的工時與休息時，居然有官員認為司機只有手握方向盤時才算工時，換句話說其他時間都是休息，這是對於勞動與休息有著砂鍋大的誤解。在生活上也會有類似的誤解，例如很多人

認為家庭主婦整天都在家顧小孩，應該不會太累。殊不知照顧小孩本身就是極度花心力與腦力的一件事，更別提還要去做大大小小的家事得花體力了。

常在網路上看到有一些文章標題寫著你並不懂什麼叫做真正的休息，但點進去一看卻發現內容所講的的確是某種休息沒錯，但並不能套用在所有的情境。怎麼能稱之為真正的休息呢？在我的觀點而言，好的休息模式是對應活動內容的，也就是說不同的活動需要不同的休息。在《認真的你，有好好休息嗎？——平衡三力，找回活力》這本書提出的概念我很認同，作者們將醒著時的活動類型分為體力、腦力與心力三種資源，且各自都有著很清楚的敘述，並以故事及對話的方式來讓讀者能夠更清楚在生活中，哪類型的活動會消耗哪一種的資源。唯有當我們正確瞭解自己生活中消耗掉的主要是哪一類後，選擇對應的休息法才是正確的休息之道。

休息的方法有很多種，瞭解原則之後去選擇適合自己的最重要，而不是看別人做什麼就一定對。有些休息方式還很出乎人意料之外，一般人眼中耍廢的行為也能夠是一種恢復。例如有研究發現，看重播的電影或戲劇有助於心力與腦力的恢復，這也難怪很多節目一再重播都有人看了。很多人可能會以為靜止不動會是好的休息，但事實上並不然。坐著或躺著對體力而言或許是不錯的休息，但對心力與腦力並不是。舉例來說，有研究也發現散步雖然因為走動而花一點體力，但對心力

是很好的休息與恢復，甚至還能夠激發更好的腦力表現，像是我現在寫的這段文字就是邊走邊寫出來的。還有就是有些人對於週末還開車還跋山涉水去露營有點不解，這樣不是更累？怎麼休息？其實露營本身對心力與腦力是很好的休息，雖然會動用到一些體力，但由於現代人有不少工作都是在電腦前勞動心力挖空腦力，但都是缺乏運動，因此露營一下互補，讓身心可以取得平衡。

華人由於根深蒂固的「勤奮」文化，大多數人都以為不休息、睡得很少，把時間都花在學習／工作上就叫做勤奮，更多人以此為榮。但這只是在燃燒生命、讓工作效率下降而已，不該是勤奮的本意。休息不只是為了要走更長遠的路，而且還是用更好的姿態與效率來走。有了充分的休息才能讓工作有最佳的表現，也讓大腦與身體的健康可以長期穩定地持續。

因此，一段時間認真投入後，就值得一段時間的休息，這才是長久生活、成長的道理。犧牲休息與睡眠來換取當下利益，豈不是跟那位辛苦把田裡禾苗拉高的農人一樣揠苗助長了？

勤奮應該是指用心做好生活中所有該做的事，這個「事」是包含休息與睡眠的。經由《認真的你，有好好休息嗎？》中對三力的介紹後，大家就知道如何正確又安心地休息了。

前言　從「三力」──體力、腦力、心力認識自己

　　人體很奧妙，為了應付各種層出不窮的狀況，我們發展出許多能力與技巧來處理這些大小事，好比……

- 有些事情很「燒腦」，禮拜五之前，老闆請你完成那份五千字的報告。禮拜五下午三點，交出報告的那一刻，我們覺得自己的腦力快用光了。
- 有些事讓人「心力交瘁」，像是被告知月底有一個超大會議，需要上台報告。在報告前幾天，我們焦慮不已、情緒緊繃、心情不美麗。
- 有些事情則是非常「消耗體力」，你已經從早到晚工作了八小時，今天卻被主管告知要你留下來加班。十點多到家後，你累到直接在地板上睡著。

　　面對生活中的不同任務，我們的身體會動員不同的「力」去應對；在剛剛的三個例子裡，我們分別提到的是「腦力」、「心力」與「體力」。在一整天過後，我們下班、下課，可以好好休息時，這三個力其實也各自有屬於自己的休息方式。偶

爾，某一力在休息時，不小心會影響到其他力的恢復，以至於整體休息效果因此被打了折。類似的現象其實很常見，也會在本書後續的故事中不斷出現。

在本書中，我們將以體力、腦力、心力（簡稱「三力」）為架構，帶領讀者深入認識這三個力的性質。開會、顧小孩、熬夜唸書時，會用到哪些力呢？晚上好好睡覺、運動、熬夜滑手機，又是哪些力可以得到休息呢？同時，若要好好恢復三力，我們又能用什麼方法獲得最好的休息呢？

為了讓讀者可以在「零壓力」的狀態下認識三力，我們決定用八個故事來完成這本書。在接下來的每一章，你都會看到一位虛構的主角與心理師的互動。他們有的是諮商室裡的案主，又或者是因緣際會下與心理師在異地相逢、心理師的大學朋友等等。

無論什麼角色或場景，共同的地方是，他們的生活中，都遭遇了「三力」的煩惱。讀者可隨著故事與對話，一起理解這些人在生活中遇到的生命困局或挫折。在一邊聽他們娓娓道來、一邊看看心理師提供的分析時，藉此輕鬆地認識「三力」的實用知識。

本書提到的情節，除非特別交代，否則皆為作者三人依個人經驗所杜撰。如有雷同，純屬巧合。

在開始說這八個故事之前，我們準備了一個小導覽，稍微詳細地介紹一下「三力」。之後，我們會概略呈現每個故事

的編排，希望能讓讀者看得更輕鬆。

三力是什麼？

　　到底體力、腦力和心力三者之間有什麼差別呢？我們可以先試著以一些生活用語來比喻。

　　在討論人與人之間的差異時，我們常常會這麼形容：程先生是一個比較「理性」的人，楚先生則比較「感性」。在這個說法裡，出現了兩種力。理性（邏輯、思考）主要對應到的是「腦力」這一部分，而與感性（情緒、心情）有所對應的，則是「心力」了。

　　又或者，成語「勞心勞力」指的是費盡心思、用盡全力。這裡很清楚地點出了兩種力：「心力」與「體力」。勞心指的是處理事務過程中因為「花費心思」而有情緒的狀態（這是心力），而勞力則是「勞動體力」（體力）。

　　體力、腦力、心力這三力，共同撐起了一個人的生活。人只要醒著，幾乎隨時都處在動用任何一力（或者以上）的狀態。好比，剛醒來時需要動用體力，想想要繼續賴床還是乖乖起床，這時動用到的是思考的腦力；最後不甘願地起床，心情很哀傷，我們的心力就受到了影響。

　　以下逐一簡單說明這三力的特色：

體力

　　一早醒來，我們便開始消耗體力。日常生活中的一切行動都在消耗體力，如走路、呼吸等。隨著一天勞動時間增加，體力的消耗也持續累積。如果活動量更多，像是忙於工作、運動、做家事等，就表示體力消耗更大了。

　　體力消耗後，身體會產生自然的體力修補需求，也就是「睡眠需求」。顧名思義，我們需要在夜晚獲得足夠且品質良好的睡眠，好把體力補償回來，讓隔天的我們有體力可以使用，身體也才得以繼續正常運作。

　　這個過程就好比我們飢餓時，需要進食來補充能量。在「飢餓與進食」這個補償系統中，如果你剛好早餐吃得太少，中午又忙到沒時間進食，一到晚上該吃晚飯的時候，相較於平日，你可能會感到特別飢餓。

　　「體力消耗和睡眠需求」也類似這樣，如果早上比較早醒來，白天也有一定的活動量，甚至比平常更為忙碌，正常情況下，一到了晚上，我們睡眠的需求就會更明顯，會感覺更想睡覺。

　　換句話說，體力消耗會讓睡眠需求增加，讓我們更嗜睡。這種「好想睡」的需求，則可以透過睡眠來完成，讓體力得以回復。

　　如果因為各種因素，使得我們無法透過充足睡眠來回復體力，我們生活就會遇到一些狀況，除了最明顯的打瞌睡、打

眠之外，體力也會連帶牽連到我們的腦力，使專注度變差、思考及表現等認知能力品質變差。或者，我們的情緒也可能因此容易有波動，變得不耐煩、焦慮不安，或是提不起精神等。三力之間雖有不同，但更多時候則是「牽一髮而動全身」，彼此相互連動。

　　想知道自己的「體力」有沒有被用光嗎？讀者可參考這份檢查表，看看自己符合了幾項：

 Checklist 體力耗竭症狀

☐ 常覺得白天容易疲倦、提不起精神

☐ 如果白天有機會休息的話，睡著的機會比以前還要頻繁

☐ 常覺得睡眠不足

☐ 身體動作變得較為緩慢或感覺沉重

☐ 體能下降或覺得沒有力氣

☐ 容易受傷或經常不知道是如何受傷的

☐ 免疫力下降，容易感冒、過敏或是生病

☐ 犯錯的機率增加了

☐ 使用刺激性物質（如菸酒）的頻率或強度增加了

腦力

在談到腦力時，先認識「認知頻寬」這個概念會很有幫助。「認知頻寬」就像電腦裡的中央處理器。任何外在環境資訊，只要經由我們所有感官（如眼睛、耳朵等）接收到的，最終都會需要用到「腦力」來辨識、評估、判斷與決策。

當認知頻寬充足時，我們會覺得自己頭腦清楚，能用多元角度來看事情。而當認知頻寬不足時，則會產生一種稱為「隧道視野」的效應，也就是讓我們過度專注眼前正在處理的事情，而忽略了較久以後會發生的事情；又或是忽略眼前重點之外的其他細節（而許多時候這些細節通常是重要的）。換句話說，我們會變得短視、近利、思考窄化，容易忽略事情的長期後果，也可能變得衝動，無法考慮事情全盤的樣貌。

「認知頻寬」與「腦力消耗」息息相關。在我們進行任何決策和判斷時，大腦會消耗能量，腦力就會開始被消耗，並大量占據認知頻寬。

我們可能都有過類似經驗：在專注、忙碌工作了一天之後，有種「頭昏腦脹」的感覺。這種頭昏腦脹，並不只是一種比喻和象徵。事實上，就字面意義來說，我們的腦袋裡面、腦神經的空隙之間，真的充滿著因為努力、專注用腦而產生的各種廢物。

處在這個狀態下，要維持專注將變得更困難。同時，我們的警覺性也會下降、開始忽略一些身邊的信息、記憶力也可

認真的你，有好好休息嗎？——平衡三力，找回活力

能受到影響。許多人在這種時候也變得不幽默了，為什麼呢？因為腦力消耗後，我們更難找到、看見事物的不同觀點，而這正是幽默能否發揮的重要關鍵。

想知道自己的「腦力」有沒有被用光嗎？讀者可參考這份檢查表，看看自己符合了幾項：

Checklist 腦力耗竭症狀

- □ 覺得大腦被掏空、擠不出東西來
- □ 常不自覺地開始發呆、放空
- □ 難以集中注意力
- □ 文思枯竭（和過去的自己相比）
- □ 抗拒吸收更多資訊或知識
- □ 自己或是他人覺得幽默感下降
- □ 不想動腦或是做決定，不管是大事還是小事
- □ 覺得思考效率變差、速度變慢（和過去的自己相比）
- □ 無法順利提取腦中資訊，感覺記憶有時斷層

心力

在心理學裡，心力最直接關連到的概念是「情緒」。你可以把心力想像成內在的一個「情緒房間」。一個房間如果被許多雜物佔據，就沒有空間能再承載東西了；甚至，再塞一點東西進來就會爆炸。在每天生活中，遇到了一些不愉快的事情，就像是在情緒房間裡塞了東西。當然，房間裡頭如果空間愈大，就表示我們心力滿滿，有更多面對、迎接生活大小事的空間。當房間被塞滿了負能量，就表示我們「心力耗竭」了。

通常，會耗損我們心力的事件，多半都是帶給我們負面情緒的負向事件，像是壓力、突發事件、威脅、讓人生氣、難過的事等。一般狀況下，讓我們感到快樂、振奮的正向事件比較不會佔據心力。如果適度出現，正向情緒還能協助我們整理心力這個房間，清出一些空間呢！

除了事件引起的情緒是正或負之外，事件本身的「強度」也會影響我們心力受到多少影響。強度愈大的事件（好比親人去世）帶來的負面情緒愈多，愈容易耗損我們的心力。

在心力快被用光時，我們容易因此感覺心累。每個人的「心累」長相都不太一樣，有人覺得自己容易胡思亂想，有人覺得自己變得遲鈍、不太專心，有人覺得記憶力變差、不能好好討論或解決事情。也有些人在心力快用光時，覺得心煩意亂、煩躁、倦怠（就是台語所說的「仙仙」）；甚至出現焦慮、不安、緊張，或者是更強烈的情緒，好比憤怒。這些都是心力

認真的你，有好好休息嗎？——平衡三力，找回活力

耗損的訊號。

　　想知道自己的「心力」有沒有被用光嗎？讀者可參考這份檢查表，看看自己符合了幾項：

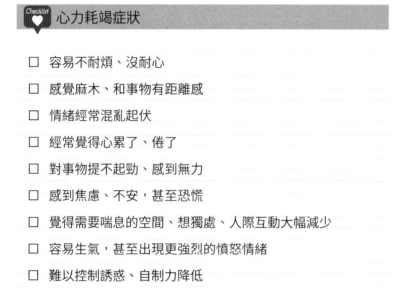

Checklist 心力耗竭症狀

☐　容易不耐煩、沒耐心

☐　感覺麻木、和事物有距離感

☐　情緒經常混亂起伏

☐　經常覺得心累了、倦了

☐　對事物提不起勁、感到無力

☐　感到焦慮、不安，甚至恐慌

☐　覺得需要喘息的空間、想獨處、人際互動大幅減少

☐　容易生氣，甚至出現更強烈的憤怒情緒

☐　難以控制誘惑、自制力降低

第一次讀「三力」案例就上手：如何閱讀這本書

在接下來的每一個故事中，你會看到這樣的三個圈，分別代表「體力」、「腦力」與「心力」。

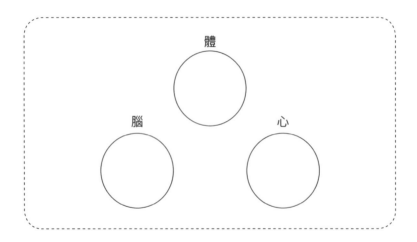

除了三個圈圈之外，你還會在外圍的圈圈裡，看到另一個「小一點」的圈圈。如果裡面那個圈的大小，如下圖（一）樣子，表示這個力目前正在作用，而且是健康地作用著，因此圖（一）的內、外圈圈大小幾乎沒有太大差別。

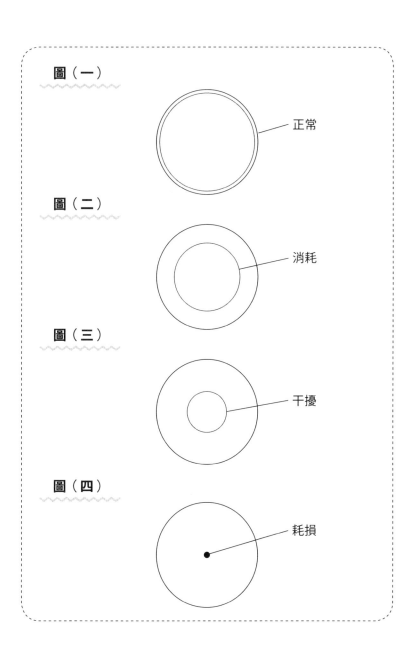

圖（一）

正常

圖（二）

消耗

圖（三）

干擾

圖（四）

耗損

如果圈圈縮得更小一些，如圖（二），表示這個力正處於明顯「消耗」的狀態，需要充足的休息，之後才能繼續運作。

當圈圈縮得更小，如圖（三），表示這個力可能受到特殊原因的「干擾」與明顯影響；最嚴重的狀況是，三力「完全耗損」，變成一個點，像是圖（四）圈圈中的那個點。

在接下來的故事，你會看到不同故事主角的三力呈現出不同的狀態，有時是正常使用，有時被消耗了，而有些個案的某些力則是完全耗損了。另外，當三力之間互相影響時，我們會用箭頭來呈現之間的關聯。之後的三力圖下方，都會附上簡單說明，讓讀者可以按圖索驥。

每一個故事都會出現兩次三力圖。一開始，三力圖呈現的是主角「最開始」的狀態。而故事結束之後，出現的第二個三力圖，則是呈現出心理師簡單分析主角在生活改變、面對困擾之後作出反應，又或是接受會談之後等，三力之間產生的新變化。

在故事和對話裡，我們也會針對比較重要或值得一提的相關概念，提供更完整的「補充說明」（box），以及讀者可以用來分析、了解自己狀態的「檢核清單」（checklist）。

最後，在每個故事結束時，會有一個「心理師的臨床筆記」，用來摘要每位個案的記錄。在這裡，我們會以心理師的角度，試著「概念化」我們眼中看到的這位案主，他的生活出現了哪些值得關注的現象？而心理師又是使用怎樣的角度來理

認真的你，有好好休息嗎？——平衡三力，找回活力

解這些現象？最後，基於這樣的理解，心理師在會談時又會透過什麼方法來協助主角改變或調適？我們都會在這做摘要整理。

　　儘管書裡的個案紀錄與正式的臨床個案報告格式略有不同，我們仍期望透過這樣比較簡潔易懂的方式，讓讀者可以一窺心理師的思路。最後，我們也會針對這位個案面臨的議題，附上幾本延伸閱讀書目，讓有興趣的讀者，可以繼續找到更多相關的素材可以深入了解。

　　接下來，請放輕鬆，和我們一起聽故事吧！

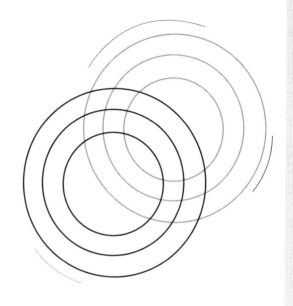

夜深了，
你總是讓
自己主動失眠？！

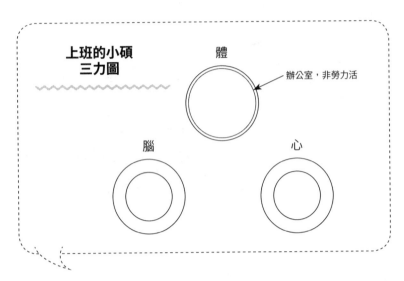

上班的小碩
三力圖

體

辦公室，非勞力活

腦

心

　　這是忙碌於生活及工作的小碩。小碩的工作屬於需要大量思考、明顯耗費腦力的性質。生活裡也有多重壓力、一堆待辦事項，讓他的腦力及心力都在持續消耗狀態，因此裡面的圈圈變小了。此外，由於工作非勞力性質，相較之下，體力的消耗並不大。

　　小碩是個接近 40 歲的上班族，在一間科技公司擔任小主管，團隊裡面有五個成員，正在開發一個 AI 軟體。老婆也是上班族，但較能準時上下班，一個孩子目前小二，是個有活力的男孩。

　　這天，小碩已經持續工作了十小時，整天都在忙老闆交代要做的事，沒有一刻是閒下來的。整整十個小時，除了短暫

半小時用餐之外，幾乎沒有屬於自己的時間。

這幾個禮拜，為了即將到來的大客戶，全公司都忙著加班。晚上九點多，小碩從公司回到家，已經體力大透支。昏昏欲睡的他，拖著疲憊的身體，把該完成的家務事一一做完：掃地、拖地、洗衣，身為好男人的他，覺得家事是家中每個人的事，自己該做的就要盡量完成。

好不容易，家事做完了，總算有點自己的時間了。

「哎，怎麼一下就這麼晚了？」他心想。

這時明知早點休息對自己是最好的，畢竟明天一早就得起床，太晚睡工作也會沒精神。只是，「知道」和「做到」是兩回事。他癱坐在沙發上，拿起手機，滑著 Instagram。已經沒有新動態了，那來看個臉書，心血來潮就來點個讚、留個言或是分享點什麼吧。這一滑，十幾分鐘過去了，朋友分享的連結讓他不知不覺打開了 YouTube，看到一則爆笑的小短片。

「這太誇張了，笑死我……唉唷，眼睛有點痠……還有類似的影片啊，不然再看一個就好……」

夜深人靜，身體疲累不堪的小碩天人交戰著，太太孩子早已呼呼大睡，他明明好累，卻不甘願上床，明知道影片隨時可以看，就是捨不得關掉手機。一眨眼，又是一個小時過去了。

「天呀，已經十二點了！？」他在心裡驚呼。

「真的該睡了……」一邊想著，他卻矛盾地點了下一部推

薦影片。

「看完這部就該停了！」雖然心裡這麼想，內心卻有股驅力，他就是無法放下手機，眼睛繼續看了下去。突然，碰一聲，手機瞬間摔到地上。小碩忍不住笑了出來，昨天晚上也是因爲捨不得放下手機，結果邊看影片邊打瞌睡，手機竟然就掉到臉上。

已經好幾次了，真的要到累個半死，小碩才願意認命去睡覺，心裡同時想著：「怎麼又拖到這麼晚，明天睡眠又要不足了……」他既懊悔又煩躁，最後輾轉多時，才好不容易睡著了。

隔天早上醒來，懊悔沒有散去，疲累的感覺更是揮之不去。

這樣的故事，你熟悉嗎？或者，你也曾跟小碩一樣，該休息了，卻遲遲不肯上床睡覺？在現代的社會裡，這種「自找的」失眠，相信很多人都不陌生，甚至很熟悉。

這天，小碩終於受不了了，爲了這個看起來不怎麼樣，卻嚴重影響工作效率的問題，來到了心理師面前。

* * *

小碩的睡眠困擾

小碩：「心理師，狀況就像我剛講的這樣，其實我早就該睡覺了，但每次都忍不住一直滑手機、看影片。白天有次打瞌睡還被主管抓到！想跟你請教一下，這種

狀況算失眠嗎？該怎麼處理啊？」

心理師：「聽起來，你常常到了該睡覺的時間，卻又忍不住看
　　　　　了很多影片，一不小心就熬夜，而且，隔天早上起
　　　　　床都會很後悔，是嗎？」

　小碩：「對啊，超後悔的！而且太晚睡，白天就沒精神，重
　　　　　點是，我明明知道早一點睡就不會這個樣子了，可
　　　　　是就是做不到。老實說，十一點多我其實就很想睡
　　　　　了，有時白天工作忙，甚至十點多就想睡了，那個
　　　　　時候如果乖乖去睡，通常都睡得很好，小孩怎麼吵
　　　　　都叫不醒我，而且可以一覺到天亮。但是，哎唷，

夜晚明明累，卻還是不停滑手機
的小碩。

於是，白天精神不濟的小碩。

故事① 夜深了，你總是讓自己主動失眠？！

這陣子就是每晚都忍不住要再滑一下手機再看一點影片……」

心理師：「是啊，真的很不容易。不過我想問清楚，剛剛你提到，有時白天會比較沒精神，如果讓你白天補個眠的話，好比今天放假，白天你想多睡一些的話，睡得著嗎？或者，假日可以多賴床時，能不能睡得比較晚一點？」

小碩：「這是個很好的問題耶！如果是週六、日，可以睡晚一點的時候，我是真的會睡得比較晚。白天累的話，有機會補個眠，通常也可以睡著，不過……以前就不一定了！」

心理師：「原來如此。從你剛剛提到的狀況裡，我聽到了兩個滿關鍵的部分。」

小碩：「嗯？是什麼？」

心理師：「第一，你晚上其實已經很累了，如果你順著身體的需要去睡的話，**應該**是『睡得著』的；第二點，遇到假日，你也**能夠**再『多睡一點』。因此以上兩點以及一直拖延不去睡覺，都和醫學上定義的『慢性失眠』是不同的。雖然表面上都是『失去睡眠』，都是在睡前花了一些時間『清醒』，躺在床上，無法進入睡眠狀態。」

小碩：「什麼是慢性失眠，我這樣是嗎？」

認真的你，有好好休息嗎？——平衡三力，找回活力

心理師：「一樣來說，我會用『**5 個 3 ＋合適條件**』來評估，要先符合以下五個三的頻率及嚴重度：每周三天以上；睡眠困擾包含以下三項之一：入睡需要三十分鐘以上、半夜醒來超過三十分鐘、或比預計的時間早醒三十分鐘以上；然後持續超過三個月。重點是，這樣的睡眠問題是在睡眠環境及睡覺條件都合適的情況之下想睡仍睡不好，才符合失眠。換句話說，如果是睡眠環境有明顯噪音干擾而無法入睡，稱不上慢性失眠；或是像你一樣，在自己拖延不睡的條件之下而無法入睡，就算符合上述的頻率及嚴重度，在醫學上一樣不是慢性失眠。」

 慢性失眠定義

　　根據睡眠障礙國際分類第三版（International Classification of Sleep Disorders，ICSD-3）慢性失眠的診斷準則，要包含以下三種失眠症狀之一，加上每個禮拜出現超過三天，狀況持續超過三個月。

　　入睡困難：上床後，需要三十分鐘（含）以上才能入睡。

　　夜醒症狀：半夜醒來時間超過三十分鐘（含）以上。

　　早醒困擾：比預計起床時間更早醒來，超過三十分鐘且無法再入睡。

符合上述三種症狀之一，而且已經造成困擾，包含白天日常生活功能的影響，如擔心睡眠等，就是慢性失眠。

　　台灣睡眠醫學會在 2017 年國人睡眠型態大調查中指出，十五歲以上民眾有 11.3%的人符合慢性失眠的診斷。換言之，十五歲以上、每一百人之中就有十一人飽受慢性失眠之苦。

主動失眠？！

小碩：「喔？可能喔，我也覺得我和別人的失眠不一樣，而且，我之前其實都沒失眠過啊！」

心理師：「沒錯，常見的失眠原因有很多的可能性，舉一個典型例子，過度清醒的失眠者。通常這些失眠者的生活幾乎都充滿焦慮，煩惱多如髮絲，因為這些焦慮和煩惱不斷，想睡但是睡不著，大腦就像是**關不掉的風扇**，轉個不停，也因此花了不少時間在床上『清醒』著。這類型的失眠者，通常對於睡不著是千百個不願意，所以也可以叫做『被動失眠』。不過呀，你的狀況是你主動讓睡眠不發生，說穿了，是你放棄睡眠，因為你一直捨不得睡，我們把這種失眠叫做『主動失眠』。光是這個被動和主動，就是很明顯的差別了。」

認真的你，有好好休息嗎？──平衡三力，找回活力

過度清醒型失眠者的風扇理論

　　失眠常見的原因有很多，其中一個是指我們的生理及心理狀態一直處在過度清醒的情況。美國賓州大學精神醫學系教授，也是心理學家的邁克‧佩利斯（Michael Perlis）教授所主持的研究發現，大多數人剛開始失眠的時候，可能都是由壓力引發，但是隨著壓力下降，身體慢慢恢復原來的狀態，失眠也會跟著改善。然而卻有一部分的人，即使壓力時期已經過了，失眠狀態卻持續著，這樣的人有一個共通的現象是：每當躺到床上，他們的生理和心理都會呈現過度活躍的狀態，例如心跳、呼吸及肌肉張力等生理跡象，都處在加速及緊繃的狀態；或是思緒、情緒及心情等心理跡象，仍在過度擔憂及停不下來的狀態。目前醫學及臨床不少研究及觀察都指出，失眠個案在一天二十四小時裡，這些身心指標都是過度激發的模式，醫學上稱之為過度清醒（hyperarousal），因此導致無法入睡。

　　我們可以用一個簡單的概念，「風扇理論」，來說明這個過度清醒的現象。當我們把風扇的電源關掉時，風扇的葉片會再轉個幾圈才完全停下來，這時如果碰觸馬達，還會感覺微微的熱度，無法立即冷卻。

　　睡前做完運動、做完家務、玩完手機遊戲，或是看完電視節目或電影後，我們的身體和大腦就像風扇的葉片，因為開啟電源而不停轉動一樣，要從興奮的狀態，到進入睡眠的放鬆狀

態，並不是關上電源就能立刻停下來，而是需要緩衝時間慢慢停下來。

小碩：「主動失眠這個詞我還是第一次聽到。不過，心理師，我究竟為什麼會這樣啊？」

心理師：「好問題。在回答之前，我先反問你，你知道人類有三種「力」，可以說是三種能量來源，也就是『體力、腦力跟心力』嗎？」。

小碩：「體力我知道，這個詞很常聽到，不過，腦力和心力，我不確定那是什麼。」

心理師：「當你度過忙碌的一天後，代表你累積了足夠睡眠驅力，需要足夠且良好的睡眠來恢復體力，讓隔天體力再次充滿。至於，什麼是腦力呢？像現在，我們在想事情、動腦、解決問題的時候，我們正動用大腦，使用各種不同功能，有些功能你應該很熟悉，像是注意力、記憶力、運算、思考、判斷、決策等等的，這些都是大腦的功能，也是我們心智裡頭的活動，是由我們的『腦力』負責的。」

小碩：「喔！原來這是『腦力』的意思。」

心理師：「是啊，腦力還有一個特性，你現在雖然在跟我談話，假設今天早上你在公司有個急需完成的案子還

認真的你，有好好休息嗎？——平衡三力，找回活力

沒告一段落，這一類還沒做完的事情、還沒下定的決策，即使你已經暫時放下，它們還是會在背景悄悄地執行。」

小碩：「那樣會有什麼影響嗎？聽起來好像還不錯……」

心理師：「我們再舉個具體一點的例子，想像一下，你原本正在處理一個案子，突然老闆一通電話，叫你快點去幫他完成另外一個案子。你急急忙忙地遵照老闆的指示，先去完成他叫你做的事，同時你原本在做的事情，其實還在你的腦子裡，只是從『前面』跑到『背景』去了。這看起來好像是好事，可以一口氣處理很多事，不過，對大腦來說，這種狀況叫做『認知負荷』，負荷愈大，其實就更耗損腦力。」

小碩：「哎，每天我開車去上班的時候都會開始想，還有哪些事情還沒做完，我還以為自己很專心在開車……」

心理師：「你真是一點就通，那些你還沒做完的工作，在你開車的時候還是在背景消耗你的腦力呢！」

小碩：「好，我懂了，那什麼是心力呢？」

心理師：「有句成語『勞心勞力』，就是在形容一個人費盡千辛萬苦要完成一些事，這些事不但耗費體力，也讓人付出了大把的『心力』」。

小碩：「所以勞力就是『體力』，勞心就是『心力』嗎？」

心理師：「答對了，你可以把心力想像成一種『心理的空間』，

每當我們遇到一些事情，造成生活變動，或是需要處理，不管是大還是小，都會對我們的心理狀態造成影響，有時我們可能覺得有壓力了，或者開始有了某些情緒。」

小碩：「心力跟壓力有關啊？」

心理師：「是啊，在我們的心理空間裡，遇到耗費心力的事情時，就好像堆積了雜物，心裡有種『阿雜』的感覺。有的阿雜感覺是焦慮、有的是無奈，有時是壓力罩頂。一旦心理空間堆滿了雜物，就表示心力耗光了，這時候，我們沒有多餘的心力再去面對新的挑戰了。心力不足的時候，抗壓性會變得很低，可能只是遇到一點點小事，就控制不住情緒，爆炸啦！簡言之，任何生活上的變動，需要處理或動員能量去面對時，都可能引發我們的情緒。心力是一種能量，讓我們心有餘且力很足地去行動。不過，心力的耗損換來的是情緒的累積，如果持續太久，沒有疏通，心力用光了，情緒積滿了，就需要恢復心力，才能迎接更多挑戰。」

小碩：「原來如此，這麼想來，我下班回家時偶爾脾氣會比較差，一定是因為心力用光了！」

心理師：「是啊，不但心力沒了，體力通常也少了大半，現在你對體力、腦力、心力有比較清楚的概念了吧！」

小碩：「大概知道了，可是這跟主動失眠有什麼關係啊？」

心理師：「我們回到你剛剛說的狀況，晚上明明已經很想睡了，馬上上床也是睡得著的，但就是沒有行動。對身體來說，睡眠本來主要來**恢復我們體力**的。」

 保存能量理論

從醫學的角度來看，睡眠最核心的功能之一，即是透過休息來復原（Restorative theory）、保存能量（Energy conservation theory）。白天，人體清醒時，處理外在訊息會大量消耗腦力、心力，尤其是體力。晚上，在睡眠狀態（尤其是非快速動眠的深睡期）時，由於核心體溫、心跳、血壓，以及呼吸速率都會下降，部分內分泌功能，還有基礎代謝率降低，能夠使體力恢復並且保存；再者，生長激素及免疫細胞的調節，也會增強人體產生抗體的能力，從而恢復體力及活力。

總是在辦公室坐著時……

心理師：「不過，在這個時代，有時候我們的『腦力』跟『心力』其實消耗的比『體力』還要多，你的工作也是這樣嗎？」

小碩：「算是，我辦公時幾乎都是坐著，真的比較少用到體

力。」

心理師：「工作一整天的狀況下，因為腦力和心力快用光了想要恢復，這時候你最想要做的其實不是睡覺，因為睡覺是用來恢復體力的。換句話說，你會很想看一些有趣的影片、追劇或是玩遊戲啊，把整天的任務與作業從工作『轉換』一下，清空一下腦袋，讓腦力恢復。也會透過滑 Instagram、看臉書，給個愛心、點個讚，或是留言與人互動一下，讓情緒適當地表達出來，透過『人際交流』，來恢復你的心力。」

小碩：「這樣說好像說得通欸！」

心理師：「沒錯，你看喔，你的三力之間啊，有個『競爭關係』出來了：下班的時候，『腦力和心力恢復』的需求會跟『體力恢復』的需求彼此競爭，這就是為什麼你明明很想睡了，就是遲遲不肯睡覺，反而只想玩手機、耍耍廢。」

小碩：「真相大白！！我每天晚上躺在床上，明明到了該睡覺的時候，心裡卻覺得很不滿足，一直有點煩躁，總想應該還要再做點什麼才甘願！」

心理師：「這樣很正常呀。」

小碩：「因為我老覺得白天沒什麼空檔讓大腦與心力休息，只有睡前才有一點點時間，理所當然就用這寶貴的

時間放空吧！」

心理師：「這樣的渴望很常見的，但是如果為了放空、耍廢而耽誤到睡眠，隔天精神不濟也不好。我在臨床上遇過很多這樣的案例，都戲稱這是一種『**主動失眠**』呢！」

 **主動失眠**

☐ 假日的上床時間比平常明顯更晚，至少一至兩小時以上

☐ 假日的早晨如果沒安排，習慣也期待睡到自然醒

☐ 平日上床的時間，很容易一延再延

☐ 主觀覺得夜晚睡眠總量不足夠

☐ 導致平日上床時間一再拖延的原因，通常不是太重要的事，如上網、看影片等

☐ 白天起床需要鬧鐘叫醒

☐ 需要上班時，白天疲勞、嗜睡感受明顯

☐ 透過咖啡及茶等咖啡因物質來提神

☐ 身體出現一些警訊，如容易感冒、代謝變差、易胖及記憶力下降等

註：本書提出的「主動失眠」概念，目前僅為一種生活及睡眠型態，並非醫療臨床診斷，讀者請勿過度診斷及標籤。

給主動失眠者的三小休息法

小碩：「那那那，我可以怎麼做啊？」

心理師：「我們剛剛已經跨出了改變的第一步！」

小碩：「咦，怎麼說？」

心理師：「你現在已經知道『三力』彼此之間的關係了，這樣就比較容易找到新的使力點，下一次，你又開始『主動失眠』的時候，記得把三力搬出來，在心裡面告訴自己：『啊！我現在一定是想要恢復我的腦力跟心力才會一直拖拖拉拉！』」

小碩：「所以，心理師你的意思是，只要我隔天早上起來又開始感覺後悔，發現昨晚睡前又浪費太多時間，就要先跟自己說：我的三力之間開始競爭了。」

心理師：「沒錯，知道三力之間的失衡或競爭就是第一步。反過來說。知道自己的三力失衡或競爭了，就是一個訊號，它就是在提醒我們：暫停一下，關心自己現在體力、腦力、心力的狀態。」

小碩：「那下一步呢？」

心理師：「接著，我們要知道三力的第二個重點。第一個重點是剛剛提到，三力之間會競爭；第二個重點，就是三力需要的『休息方式』是不一樣的。競爭之所以會出現，就是因為它們各有不同的休息和恢復方式，但是這些方法有時候又會互相衝突。因此要

讓三力好好發揮各自功能，又能獲得適當的休息，有個簡單口訣就是：『體力靠足夠且良好的睡眠，腦力靠任務與作業的轉換，心力靠人際和情感的交流。』」

小碩：「等等，剛剛那句話是什麼意思？」

心理師：「簡單來說，睡眠可以恢復體力，這點前面已經說明很多了。而腦力的恢復，其實是靠『轉換』到不同的任務與作業上，比如說，很多人平常工作是在辦公室，幾乎離不開電腦，下班卻跑去著色畫。填著色畫，其實要很專注對不對，然而就算也是用腦專注，但是對大腦來說，用到的是完全不同的功能和運作區域，如此一來反而讓原本一直消耗的部分得以休息了，這就是『腦力靠轉換』的意思。『富蘭克林（Benjamin Franklin）休息法』，就是運用這樣的原理：當某項工作做累了的時候，就放下，轉換到另一項工作中。這個方法的由來據說是因為富蘭克林準備了不同的書桌，當全心投入工作一段時間後，會起身去另一個書桌讀書，並且完全忽略原本工作的訊息。最後，因為心力其實是情緒的累積，所以透過正面的人際社交與情感交流，讓情緒適當地表達出來，清理內心的垃圾，便是恢復心力最好的方式了！」

小碩：「懂了，不過具體來說我可以怎麼做呢？怎麼樣才能讓我認命，好好去睡覺呢？」

心理師：「關鍵來了，就是不要讓三個力的休息通通擠在睡前短短幾個小時之內。如果這三個力都在睡前競爭，就會犧牲到應該滿足體力的睡眠了。反過來思考，既然其他的力不一定要仰賴睡眠，白天就可以適度地讓不同力輪流休息。」

小碩：「白天就休息啊？」

心理師：「這邊提到的休息不一定是『睡覺』。對有『主動失眠』困擾的人，我常常鼓勵他們試試一個技巧，叫做『三個小休息』法。」

小碩：「三小休息法？」

心理師：「（噗疵一笑）這樣縮寫也滿好記的，『三小休息法』的意思是，請你透過白天或休假的空檔，安排不同長度的休息片刻。這樣做的好處是，你的心力和腦力可以在白天或非睡前的時間得到滿足，如此一來就不會跟體力一起競爭晚上睡前的時間。」

小碩：「還是不太懂三個小休息是什麼意思。」

心理師：「第一個小休息是，每天刻意安排三十分鐘，譬如白天中午休息時間，給自己一個**活力小睡**的時間，或是在晚上安排三十分鐘的休息模式，在這段時間內，你可以做一點喜歡做的事情，來『轉換』一下。

認真的你，有好好休息嗎？——平衡三力，找回活力

剛剛提到，轉換對『腦力』來說是很有恢復效果的，做喜歡做的事，就能讓腦力休息。很多人下班都在耍廢，但是耍廢對『腦力』的恢復效果其實很有限。你可以看喜歡的書、聽喜歡的音樂，或者，跟親友聊天聚會。如果覺得最近壓力有點大，甚至可以安排放鬆訓練的時間，像是腹式呼吸、漸進式肌肉放鬆法、冥想等。台灣心理健康發展協會有個『逗點空間[1]』，提供了很多放鬆訓練的影音。」

✔️ 活力小睡

其實小睡時間不用太多，一般建議十到三十分鐘就足夠，因為白天睡眠如果超過三十分鐘就可能進入深睡期，當白天睡至深睡期，可能讓晚上的睡眠需求減少，而出現入睡困難或是淺眠等問題；再來，如果白天睡眠超過三十分鐘且從深睡期醒來，可能因為正處深睡期而不容易醒來，白天反而出現睡眠遲惰（sleep inertia，俗稱起床氣）的現象，也會出現反應變慢、注意力短時間無法集中、或是情緒不穩等負面影響。所以建議午睡或是休息不要超過三十分鐘。

---

1 台灣心理健康發展協會的「逗點空間」：https://tamhd.org/comma-space/

有學者研究，其實十分鐘的午休就可以了，叫做活力小睡（power-nap），澳洲福林德斯大學（Flinders University）的布魯克斯（Amber Brooks）與萊克（Leon Lack）的研究發現：小睡十分鐘的人，相較於沒有小睡的人，主觀嗜睡程度、疲勞感明顯降低，活力程度、認知表現皆有提升，而且主觀嗜睡程度和疲勞感降低、活力程度提升甚至可以維持一百五十五分鐘。

小碩：「好，我記起來，回家來找找看。第一個小休息，三十分鐘，那第二個小休息呢？」

心理師：「第二個小休息是，在一個禮拜內，好比禮拜六、禮拜天或是放假時，保留三個小時給自己，因為時間比第一個小休息長，可以安排的『轉換』活動比較多選擇，你可以出門走走、踏青，或者看展覽、電影，讓腦力好好恢復。或者安排社交活動，跟朋友敘舊聚餐，也不用太久，大概就是三小時的時間，讓心力得到滿足。有些人喜歡一個人獨處，坐在咖啡廳充電，或跟另一半討論一下，休個半天假，讓彼此每週都有三小時的小休息」。

小碩：「這主意不錯，我猜第三個小休息，應該可以放更久！」

心理師：「哈哈，沒錯！第三個小休息大概以三個月為單位，

大概就好。每年提醒自己要放風一下，我最喜歡的就是安排一個小旅行，兩天一夜也好，在國內也可以。如果喜歡，經濟、時間許可，就到國外好好放個假，暫時遠離一切。」

小碩：「**三小休息法，不錯不錯，我回去跟我家人分享！**」

心理師：「是啊，透過不同頻率的休息區隔，我們能照顧好三力，也才能在接下來的生活裡持續地善用它們！」

小碩：「好，今天聽到好多新知識，我回去整理一下！」

心理師：「沒問題，下次見！」

 三個小休息法

第一個小休息

時間長度：三十分鐘（每天）

時機：白天午休、晚上空檔

休息項目：

◎午睡或是休息

◎短時間的轉換活動，如：看書、聽音樂

◎放鬆訓練：腹式呼吸、漸進式肌肉放鬆法、冥想

第二個小休息

時間長度：三小時左右（每週）

時機：放假或是假日的半天空檔

休息項目：

◎三小時左右的轉換活動，如：踏青、看展覽、看電影

◎人際交流時間，如：和友人餐敘

第三個小休息

時間長度：以天為單位（每季）

時機：特地安排休假或是利用連續假期

休息項目：

◎旅行

◎投入一件自己喜歡的事，維持幾天

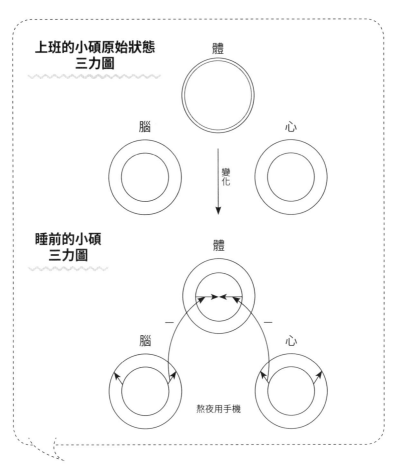

上班的小碩原始狀態
三力圖

體

腦　　　心

變化

睡前的小碩
三力圖

體

腦　　　心

熬夜用手機

　　如圖說明了小碩睡前的狀態，在晚上體力可以休息時，他卻想透過與工作無關的活動，如追劇或是玩遊戲──讓「腦力」恢復；或逛個社交網站──讓「心力」恢復。不過，這個安排卻剝奪了讓體力正常恢復的睡眠時間，形成「主動失眠」，正是三力在休息需求的競爭。

心理師的臨床筆記：小碩

現象（WHAT）

　　小碩的睡眠問題是近年來門診常見的睡眠困擾狀況，這也是現代人特有的生活型態。白天的工作壓力，以及日常生活裡的煩惱，讓當事人除了付出體力之外，更重要的是腦力也不斷支出，心力一直消耗。對多數的上班族而言，體力勞累通常不是主要的消耗項目，現代人的工作及生活方式，早已慢慢從「體力活」轉變成腦力與心力的勞累與負擔，因此所謂的過勞，已不單單指體力了，更是腦力及心力。

概念化（WHY）

　　所以小碩到了晚上可以靜下來休息時，反而不急著透過早點睡覺來恢復體力，這時的優先順位反而是想耍廢、發呆，讓大腦、情緒及心境休息。

　　在不同休息需求之間的競爭下，因為想把睡前時間拿來恢復腦力與心力，而主動放棄睡眠的機會，我們稱為「主動失眠」。十年前在臨床上常聽到的睡眠問題，常是「想睡」但睡不著，如今的睡眠問題，卻是「該睡」卻不去睡。這樣的情況也會導致慢性睡眠剝奪與不足，長遠下來仍對身體有不良影響，也容易變成惡性循環。

介入（HOW TO）

　　我們在這個個案上看到的是三力都需要休息，但是三力的休息方式相互競爭，而不當的競爭會產生更大的負面影響，所以如何同時關注這三力的休息並維持平衡，對個案來說是很重要的。具體來說，我們引導個案理解，體力得靠「良好睡眠」補足、腦力休息是透過「任務轉換」，而適當的「人際交流」則可以讓心力得到滋養。後續治療中，我們將引導小碩繼續思考的是，如何有效地在不同時間安排三力的休息，像是文章提到的三小休息法，才是最適合現代人的模式。

📖 推薦閱讀

- 《用心休息：休息是一種技能─學習全方位休息法，工作減量，效率更好，創意信手拈來》（2017），大塊文化。
- 《失眠保證班》（2015），心靈工坊。
- 《失眠可以自療》（2010），時報出版。

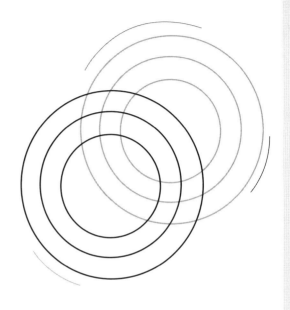

不完美的
完美主義

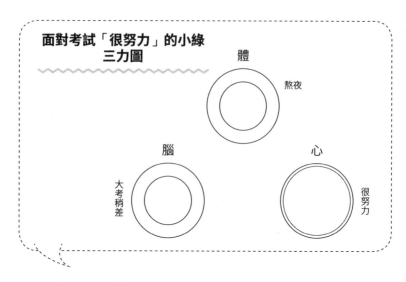

面對考試「很努力」的小綠
三力圖

體
熬夜

腦
大考稍差

心
很努力

這是原本面對考試一直很努力的小綠，升上高三時，因為熬夜、大考表現稍差且腸胃不適，從三力圖可以看到她的體力、腦力都已經受到一些影響。慶幸的是，此時她的心力還沒有什麼問題。

小綠自幼成長在傳統的書香世家。爸爸是私立高中的名師、媽媽是傑出的外科醫師，正在念大學的哥哥就讀知名學府電機系，親人間關係雖不到緊密，仍算良好。

每逢家族聚會，好比過年時，小綠總有股說不出口的無奈，特別是在面對親人「充滿信心」的眼光時。從伯伯、姑姑，到堂表兄弟姊妹，每個人看到她說的話，濃縮起來大概就是：「小綠啊！沒記錯的話，今年要升大學了啦？大家都在等

你一展長才啊！哎，你爸媽最幸運了，生了你們家這兩個都不用人擔心的孩子，第一志願絕對沒問題的啦！哪像我們家那個哦，我看他能考上大學就不錯啦……」

親友的信任是祝福，卻也是滿滿的壓力。大家的描述其實沒錯，小綠自小就是個極為自律的孩子，從功課、考試，到課外才藝，樣樣都不需要爸媽擔心。

不過，原本成績總是頂尖的小綠，升上高中三年級之後，卻開始有點適應不良。為了準備明年大考，除了得持續復習高一、高二的功課之外，還有高三的新進度要追趕。

一心求好的她發現，念書時間不夠用了！除了小考、段考之外，高三開始有範圍廣泛的模擬考試。為了維持每次的好表現，高三熬夜念書對小綠來說，變成了家常便飯。

雪上加霜的是，每當遇到大型考試時，她發現自己不像過去那樣「自在」。同學看到她總忍不住問：「小綠你昨天是不是沒睡好啊？氣色好差。」這樣的關心讓小綠十分憂心。此外，面對大考時常感到緊張的她，腸胃也常很不舒服。讓小綠來接受諮商的契機，是高三那年第二次模擬考時發生的事。

* * *

考試失常的小綠

心理師：「小綠你好，今天來想要聊聊什麼嗎？」

小綠：「心理師，我覺得我遇到大麻煩了。這次模擬考，

考卷才剛發下來，我肚子就一陣絞痛、腦袋也一片空白。看著考卷想了好久，題目都看似熟悉，卻還是焦慮到想不出答案。奇怪，那些東西我明明就念過。我一直安慰自己，放輕鬆、放輕鬆，結果半小時過了，考試沒寫完幾題，整個都搞砸了……」

心理師：「嗯嗯，想必那時候，你一定非常緊張焦慮吧？」

小綠：「對呀，我好像愈來愈常這樣了，腦袋空白，沒辦法作答，真的嚇到我了。一邊肚子痛，心中一邊想，唉，我都已經準備這麼久了，前幾天幾乎都沒怎麼睡，總算把所有考試範圍都讀了幾遍。我哥跟我說，模擬考的結果，通常比段考還要準。」

心理師：「比較準？那是什麼意思？」

小綠：「就是說，模擬考的結果跟明年大考的結果會比較像，更有參考價值。第一次模擬考時我考得不太理想，第二次我一定要扳回一城，不想讓我家人擔心。」

心理師：「感覺你是個對自己要求很高的孩子啊！」

小綠：「很高嗎？學生不就該這樣嗎？我的同學們也都很拚，可是她們看起來都輕輕鬆鬆的。為了跟大家一樣，我已經拚了兩年，也算撐過來了。高三是最重要的一年，本來就應該要更拚。」

心理師：「嗯嗯，我遇過一些高中生，很多人都是高三才開始拚命念。你能這樣持續努力，其實很不簡單呢！」

認真的你，有好好休息嗎？──平衡三力，找回活力

小綠：「哎唷，還好啦。」

心理師：「高三這年確實很關鍵，你準備了這麼久，當然希望最後拿出最好的表現。我想多了解一下，你剛提到高一、高二你撐過來了，當時的狀況大概是怎樣？我想大概了解一下你前兩年的表現。」

小綠：「還好你有問，我昨晚睡前整理書包的時候，想說今天也許用得到，就用手機拍下來了。」小綠說著一邊拿起手機，打開照片，一邊把照片放大。

心理師：「喔？你準備了什麼？」

小綠：「這個是我上高中之後準備的表格。我看過一本教人準備考試的書，說可以這樣做。這張照片呢是我從高一開始到現在每次考試的分數紀錄。」

心理師：「哇喔，你真的很認真！（拿起資料）好，我們來看看你記錄的資料。」

小綠：「嗯，這邊有記錄考試的類型，像是平常小考，或者是段考、模擬考這種比較大的考試。這邊是每一科的分數，我都記下來了。」

心理師：「真不簡單，你做了很詳細的紀錄。我很好奇，做完這些記錄你自己有沒有好好研究過？」

小綠：「有有有，不然就跟很多人記帳一樣，記完沒有回顧，就白做工了。」

心理師：「沒錯。從這些紀錄裡，你有找到一些端倪嗎？」

小綠：「一開始我最在意的很簡單，就是哪一次沒考一百……不過啊，高中課業真的變難了，一百是不太可能的任務。我的確發現有時候分數會明顯變差，然後，隔一陣子又回到平常的表現。」

心理師：「這麼說來，你從紀錄裡頭找到一種『規律』了？」

小綠：「嗯，這樣一想好像是，只要遇到大考，我的表現都會比平常小考再差一點，雖然沒有差太大，可是一看分數，真的是比較差。」

心理師：「你提到的規律，跟我想要聚焦、多討論的現象很一致。」

小綠：「知道是知道，但我不希望高三開始模擬考後，這些『規律的失常』又跑出來，更不用說是學測還是指考這種大考了。」

心理師：「先前大考失常的時候，也有像這次一樣身體不舒服嗎？」

小綠：「不舒服……應該算有，好像都是肚子不舒服。不過，當時忍一下，沒多久就好了。後來就覺得應該是小事，考完試後也就沒特別在意了。」

心理師：「原來如此，我比較了解你遇到的狀況了。小綠，你其實落入了心理學所說的『墜馬區』了。」

小綠：「咦，墜馬？什麼是墜馬區？」

心理師：「我畫給你看。這對你來說，可能是一個很關鍵，而

大考時突然肚子痛、腦袋一片空白的小綠。

且有幫助的觀點喔。」

心理師：「你看，在這個圖（見下頁）裡，這個倒過來的 U 字形，是壓力心理學裡很重要的概念，橫線的 x 軸指的是我們感受到的壓力程度，愈往右邊代表壓力愈大；直線 y 軸，這高低起伏象徵我們在壓力之下的表現水準，愈往上面代表表現愈好。」

小綠：「嗯嗯，我想想，這是一個二元一次方程式？」

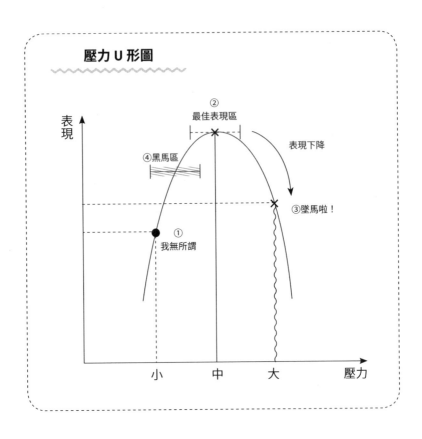

壓力 U 形圖

表現

② 最佳表現區

表現下降

④ 黑馬區

③ 墜馬啦！

① 我無所謂

小　中　大　壓力

剛剛好的壓力

心理師：「哈哈哈，二元一次方程式這個說法距離我有點太
　　　　久遠了。我先問你，根據這張圖，在壓力很小的時
　　　　候，你覺得人們的表現會如何？」

小綠：「我看看，壓力小就是指 x 值較低，對應到表現的 y
　　　軸很低，表現不會很好。」

心理師：「沒錯，當人們只感覺到一點點壓力，甚至沒什麼壓
　　　　力的時候，是處於編號①『我無所謂』的狀態。這
　　　　時候，我們不會在意眼前的任務，所以表現通常也
　　　　不會太好。」

　小綠：「難怪老師說，還是要給大家壓力，不然容易鬆懈。」

心理師：「沒想到老師這麼有概念。不過啊，老師的話其實只
　　　　對了一半。」

　小綠：「你的意思是？」

心理師：「隨著壓力慢慢升高，我們確實會開始越來越『盯緊』
　　　　（台語，意指專注在任務上），所以，表現會隨著
　　　　壓力而慢慢提升，在壓力上升到一定程度之後，就
　　　　會進入編號②，所謂的『最佳表現區』。」

　小綠：「最佳表現區域如果用在考試上，就是指我會考得很
　　　　好嗎？」

心理師：「是啊，不過你看這邊，當壓力變得更大的時候，原
　　　　本預期的表現應該是要繼續往上的，但心理學家發
　　　　現，當壓力超過『最佳表現區域』之後，再給予更
　　　　多壓力的話，表現反而會開始往下降。」

　小綠：「啊，這就是你剛剛說的墜馬嗎？」

心理師：「你真聰明，一點就通。在最佳表現區域的右側，就
　　　　是編號③『墜馬區』了。」

　小綠：「原來**壓力要剛剛好比較好**……」

✓ 剛剛好的壓力

這個「壓力要剛剛好比較好」的概念，是心理學家耶基斯（R. M. Yerkes）與多德森（J. D. Dodson）在一九〇八年實驗、研究後歸納出的一種法則，又稱為 Yerkes-Dodson 定律。

這條定律說明了在一定條件下，動機強烈程度和表現好壞呈正比；也就是動機愈強，表現愈佳，但是這個現象只會達到一個峰值。當動機強度太高，超過峰值後，表現反而會下降。

而所謂的「一定條件下」，指的是什麼呢？在當初的實驗中，他們區分了「簡單」與「複雜」兩種任務：在簡單的任務中，較高的心理壓力之下，將持續帶來較佳的成績（較快的學習），如下圖的實線；但在複雜的任務中，隨著難度提高，就會出現上述表現的轉折，如下圖的虛線。

為什麼會如此呢？簡單任務多為重複性的活動，經過一段時間便會自動化，因此心理壓力不但不影響原先的自動化，反而可能使自動化的速度提升。反過來說，在複雜任務中，必然含有認知過程多種因素的交互影響，因此如果心理壓力過高，稍有疏忽就難免忙中出錯。

仔細想想，在現代日常生活中所面對的挑戰，可能極少是重複性的簡單任務。也難怪多數時候，壓力只要超標，表現就會開始下降。

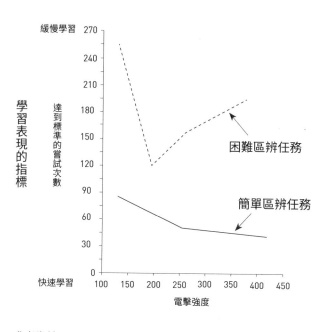

緩慢學習

學習表現的指標

達到標準的嘗試次數

困難區辨任務

簡單區辨任務

快速學習

電擊強度

參考資料：Yerkes, R. M., Dodson, J. D.（1908）. The Relation of Strength of Stimulus to Rapidity of Habit-formation. Journal of Comparative Neurology and Psychology, 18, 459-482.

心理師：「沒錯，是不是有點出乎你的意料？我們剛討論的是右側墜馬區，其實最佳表現區域的左側也很值得介紹。回想一下，你在學校有沒有認識一些同學，平常表現沒那麼好，但在大考的時候，卻像黑馬一樣，成績衝到很前面？」

小綠：「有欸，我們學校真的滿多這種黑馬的。」

心理師：「這些同學平常大概都把自己放在最佳表現區域左側一點的地方，我們稱爲編號④的『黑馬區』。你看，當他們面對大考，壓力增加一點之後，表現反而變好了！」

小綠：「我想想，所以，我平常都盡可能讓自己待在最佳表現區域，結果大考一來，壓力更大，反而被擠到右側的墜馬區，表現就可能因此變得較差了。」

心理師：「沒錯。」

小綠：「不過，這跟我模擬考遇到的腦袋當機、肚子不舒服有關嗎？」

心理師：「有喔！是這樣子的，這其實是我們在面對壓力之下的一種反應。面對壓力時，身體會產生各式各樣的生物化學反應來幫助我們，比如說：呼吸會變急促、心跳會加快、肌肉會變得緊繃等。這些反應，是爲了運送更多氧氣、有更好的血液循環，以及讓大肌肉群更有力量，這些加快又加強的生理反應是爲了讓我們有足夠的能量來面對挑戰。在人類剛誕生的那個遠古時候，生存是很辛苦的，到處都是猛獸，所以當『遇到猛獸』這種壓力出現時，剛剛的反應就會讓我們有足夠的力氣及能量去戰鬥或逃跑，我們稱之爲**戰逃反應**。」

認真的你，有好好休息嗎？——平衡三力，找回活力

✓ 戰逃反應

　　戰鬥或逃跑（Fight-or-flight response），又稱「戰逃反應」，是美國生理學家懷特‧坎農（Walter Cannon）於一九二九年提出。坎農是第一位研究人類、動物對於危險事件的生理反應的人，他將研究發現系統化，建立起嚴謹的體系。他發現，當面臨威脅時，有機體的神經、內分泌會產生一系列活動，如分泌出皮質醇（Cortisol）、腎上腺素（Adrenaline）和去甲腎上腺素（Noradrenaline）等化學物質，使人心跳加速、血壓上升、呼吸頻率加快，以激發身體的潛能，從而讓身體準備戰鬥以對抗危險，或逃跑到安全地方，增加生存機會。

　　然而，這種反應在現代卻可能會造成困擾，因為現代生活中，已經不常遇到生死交關的時刻（好比走一走就遇到獅子級的猛獸）。不過因為日常生活中還是有著無數的挑戰，但身體無法區辨「這是不同的威脅，該產生不同的反應」，所以這些不會致命的挑戰，仍會引起身體的戰鬥或逃跑反應——在小綠的例子裡，「考試」彷彿成為一頭兇猛的野獸，準備把我們吃掉。

　　若長期處於這種緊張的情況下，身體會處在戰逃反應之下，便可能出現過度的生理表現，如：肌肉酸痛、四肢無力、呼吸急促、心跳過速、心悸等生理症狀，另外在心情和情緒上，可能會感到焦慮、坐立不安或易怒，此外，更可能對身體的成長、消化、免疫和生殖系統造成負面的影響。

小綠：「哇，這有點酷。可是，考試跟猛獸一樣嗎？」

心理師：「二十一世紀雖然沒有猛獸了，可是生活裡卻充斥著各種壓力，課業正是學生最常感受到的壓力來源。在巨大壓力的影響之下，身體忙著對抗外面的威脅，忙著讓呼吸加速、心跳加快、肌肉緊繃，以面對壓力的來臨，這時我們的『消化功能』相對就沒那麼重要，簡單來說，壓力來臨時身體不會在當下急著消化吃進的食物，所以，腸胃蠕動會減緩。類似這樣，由長期壓力引發的相關效應，在某些人身上可能會變成消化不良、拉肚子等腸胃不適的生理反應。」

小綠：「懂了，所以肚子不舒服，其實也是壓力的一種結果。」

心理師：「是的，這種壓力反應，如果偶爾出現，我們的身體還能應付，不會出現什麼大問題。可是，如果壓力長期累積，剛剛提到的小毛病就會變成需要處理的生理狀況，甚至是疾病了。好比，腸胃不適可能變成慢性的胃潰瘍、大腸激躁症；或者，除了腸胃之外，大人常說的『自律神經失調』症狀，像是頭痛、肩頸酸痛、呼吸急促、過度換氣、心悸、心律不整，或是免疫系統的反應、心血管問題等症狀，都可能一一出現。」

認真的你，有好好休息嗎？——平衡三力，找回活力

小綠：「眞的欸！你提到頭痛，模擬考前幾天，我不是都睡很少嗎？一直想著要快點把書看完，後來，白天就很常頭痛，但我沒跟爸媽講，直接去拿我媽放在櫃子裡的止痛藥來吃，吃一吃就比較好了。」

心理師：「看來媽媽應該也有壓力的困擾，之後有機會也許邀請你媽媽來討論一下。不過，自己拿媽媽的藥來吃，這樣不好啦！之後要盡量避免。」

小綠：「好啦，我知道這樣不好！」

心理師：「剛剛你也提到，你說你在大考之前都睡很少，是嗎？」

小綠：「對呀，畢竟那次是上高中之後的第一次大考。都是我哥害的啦，他一直跟我洗腦，說『模擬考很重要』，我就只好卯起來準備，想知道目前的考試落點會到哪個學校。那次，我整整熬夜熬了四天！」

為了考試沒睡好

心理師：「哇，四天都沒睡飽？太辛苦了。你還記得當時一天大概睡幾個小時嗎？」

小綠：「有啊，前面幾天，我的目標是至少還是要睡五小時，可是考試前一天還是念不完，所以模擬考那兩天好像只睡了兩個小時，其他時間都在看書。」

心理師：「眞是太拚了，這樣算起來，你有將近快一個禮拜的

睡眠很缺乏呢！多數人在這種狀況下，會發現腦袋變得昏沉、反應比較慢，甚至記憶力也變差，你有注意到這樣的狀況嗎？」

小綠：「有有，我記得白天上課真的快死掉，上課時超級想睡的，老師在講什麼也比較聽不進去。」

心理師：「我來跟你講一個超級重要，可是其他人不一定知道的祕密。在我們睡覺的期間，會有一個很特別的階段，叫做『**快速動眼睡眠**』。」

小綠：「我知道，好像聽說那個時候眼睛會動來動去的，是嗎？」

心理師：「嗯嗯，確實就是因為這個原因，我們叫它快速動眼睡眠。科學家發現，在晚上睡眠期間，就是這個快速動眼階段跟『記憶力』最有關係。在這段期間，我們會把白天吸收的資訊去蕪存菁，儲存起來；用心理學的說法是，把白天的記憶『固化』下來。」

小綠：「睡覺也會記憶嗎？」

心理師：「直覺來看是這樣，不過，人類大腦其實比想像中複雜。簡單地說，我們在睡眠時，需要經歷快速動眼階段，才能把白天所學的東西記起來。」

小綠：「那我們在睡覺的時候，快速動眼階段是什麼時候會出現呢？」

心理師：「一般來講，在你這個年紀的學生，一個晚上大概會

認真的你，有好好休息嗎？──平衡三力，找回活力

出現四到六次不等的快速動眼睡眠。第一個快速動眼睡眠，通常是在入睡九十至一百二十分鐘之後才會出現；更關鍵的資訊是，其他多數的快速動眼睡眠，都出現在睡眠的後半段。」

小綠：「後半段？聽起來有點不妙。」

心理師：「是啊，問題就出在這裡，你剛提到，考試前一天只睡了兩個小時。按照一般狀況來推論，你晚上幾乎都沒有進入快速動眼睡眠，就算有也只有約莫半小時。也就是說，你白天、睡前辛辛苦苦念的一大堆東西，其實在晚上都沒有『存檔』啊！沒有足夠的睡眠，也就沒有足夠的記憶固化，熬夜辛苦念的東西，很可能都白費了。」

✓ 快速動眼期

關於睡眠階段與快速動眼睡眠（Rapid Eye Movement Sleep，REM），在這張「睡眠階段 & 睡眠循環」圖裡，可以很清楚看到。睡眠過程可區分成不同的階段，這張圖簡單區分為「作夢睡眠」、「階段一、二的淺眠」，還有「階段三的深睡」。

特別要提的是「作夢睡眠」，作夢睡眠約佔整體睡眠的 20% 至 25% 的比重，功能包含：處理白天的記憶、學習與情緒。撇開情緒部分不談，小綠的案例與「記憶」方面特別有關。

簡單來說，記憶就是「記住要記住的，丟掉不要記住的」，像是倉庫管理員不停地整理進出的貨品，把貨物放置到適當的架子，並且清除不必要的舊貨。因此，透過這些作夢睡眠去蕪存菁的過程，可以達成記憶固化（memory consolidation）的作用。

然而，這些作夢睡眠主要發生在「後半夜」，所以，考前除了不可以熬夜之外，其實更需要更充足的睡眠。我們會建議高三學生至少有七到八個小時的睡眠總量[2]，才能經歷更多的「作夢睡眠」，對於記住白天學習的內容，會有很大的幫助。

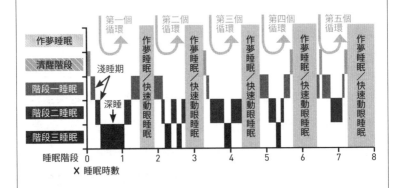

參考資料：Tilley, A. J. & Empson, J. A. C.（1978）. REM sleep and memory consolidation. Biological Psychology, 6（4）, 293-300.

熬夜念書真不划算

　小綠：「原來如此，我還以爲我腦袋一片空白，只是因爲肚
　　　　子太痛了。現在想想，很可能是因爲睡眠不足，讓
　　　　記憶也受影響了。」

心理師：「沒錯，記得記得，熬夜念書是最不划算的！不但沒
　　　　有好好休息，拚命要記憶的內容也常常無法眞正存
　　　　到大腦裡。」

　小綠：「搞半天，原來我之前的方法好多都是錯的。那……
　　　　心理師，現在我該怎麼辦呢？」

心理師：「不急，我們先來把剛才提到的幾個重點做個整理。」

　小綠：「好，我也拿筆抄一下。」

2　美國國家睡眠基金會（The National Sleep Foundation，簡稱
　　NSF）在 2015 年發表了一篇文章，研究團隊從 2004 至 2014 年
　　期間的相關文章及期刊發表中整理出，不同年齡層的每日「建
　　議的睡眠時數」，因個別差異，往前或往後一至兩小時內，仍
　　屬正常範圍，但不建議超過：
　　◎嬰兒（4-11 個月）：12 ～ 15 小時
　　◎幼兒（1-2 歲）：11 ～ 14 小時
　　◎學齡前兒童（3-5 歲）：10 ～ 13 小時
　　◎學齡兒童（6-13 歲）：9 ～ 11 小時
　　◎青少年（14-17 歲）：8 ～ 10 小時 （小綠的年齡）
　　◎年輕人（18-25 歲）：7 ～ 9 小時
　　◎成年人（26-64 歲）：7 ～ 9 小時
　　◎老年人（65 歲以上）：7 ～ 8 小時

心理師：「第一個部分是，讓自己在大考時剛好落在『恰到好處』的壓力範圍，就是我們剛剛說的最佳表現區域，也就是平常偶爾可以處在黑馬區，不要給自己太多壓力，你的表現才不會在大考失常，身體也不會出現過多症狀，好比胃痛、肚子痛等。第二部分，我們講到了睡眠，『快速動眼階段』跟記憶很有關係。熬夜念書是不划算的，要記得讓自己有充足的睡眠，尤其是考試之前。」

小綠：「哎，好險有聽媽媽的話來跟你談。」

心理師：「其實你願意來談談，試試看找方法，是一件很勇敢的事。很多人不像你這樣，願意留意自己的狀況，更別提面對跟正視了呢！」

小綠：「畢竟我很崇拜我媽，我想她會希望我來，一定有她的原因。」

心理師：「你今天大概知道了，像你這樣對自己要求很高的人，其實平常面對生活或考試時最好的方法，就是盡可能待在黑馬區裡。以前的你，可能眼中只看到分數高低，沒有注意到表現和壓力的關係。現在你明白了剛剛的倒 U 圖之後，以後就可以練習『允許』自己，不用每次小考一定要到達最佳表現，只要維持在良好的範圍就好。」

小綠：「有科學掛保證的話，我很願意試試看。」

認真的你，有好好休息嗎？——平衡三力，找回活力

心理師：「眞高興你願意做個實驗。當然，這不是說以後你都要故意不考一百分喔，而是每次考試時，你可以**在心裡告訴自己**：『就算沒有每一次都一百分也沒有關係，因爲這樣的狀態，我在眞正面臨大考時，才能有更好的表現。』同時，一定要再提醒你，睡眠是不可以犧牲的休息過程。要讓自己有足夠的睡眠，才能讓努力學習的知識好好固化在腦袋中」。

 自我對話

　　這個「在心裡告訴自己」，其實是「認知治療」心理治療學派中很重要的一個元素——自我對話。

　　在認知治療中，學者認爲影響情緒的一個重要關鍵，是我們內在的「想法」，包含：我們看待事情的觀點、思考的模式、信念以及內在的對話等。想想看，平常當我們思考事情的時候，是不是像在心中對自己說話呢？倘若，這些自我對話包含較多不利己、也不完全符合現實的內容，那麼我們大概很難放鬆下來。典型的負面思考好比：

◎**二分法**：除非我考第一名，否則我就是失敗者。

◎**過度類化**：如果模擬考沒有考好，我永遠別想考好。

◎**災難化**：如果大考沒考好，我這一生就毀了。

有沒有注意到這些想法，甚至可以形成負面思考的「組合技」，全部一起出現，然後重重打擊自己呢？因此，認知治療師會透過治療，陪伴案主找出影響情緒的這些負面想法，辨識出這些想法不盡合理之處（可能是太過極端、扭曲、不利於自己……）。接下來，與案主一起挑戰它（如艾理斯〔Albert Ellis〕的理性情緒行為療法〔Rational Emotive Behavior Therapy，REBT〕）、轉換它（如貝克〔A. T. Beck〕的認知治療〔Cognitive Therapy，CT〕），或是重新學習訓練它（如梅欽鮑姆〔Donald Meichenbaum〕的認知行為矯正〔Cognitive Behavior Modification〕）。

　　說起來好像很簡單，概念理解也不難，但因為思考是抽象而飄渺的，有時候光是要找出自己面對事情時的「思考內容」，都不見得那麼容易。因此，藉助有經驗心理師的協助，往往能更有效地讓案主學會尋找、辨識、改變等治療技巧，讓想法轉變的過程變得更順利喔！

小綠：「心理師，真的很謝謝你。不過，老實說，我好像很
　　　　難馬上叫自己不去在意，雖然我剛剛說我很樂意試
　　　　試看……」
心理師：「哈，謝謝你這麼誠實的回饋。現在就是一個很好
　　　　　的練習，別落入**完美主義**的陷阱囉！慢慢告訴自己

『沒辦法馬上做到，也沒有關係的』。這也是之後我可以陪你慢慢練習的部分。在之後的諮商中，我會陪你一起討論，在面對各種事件時，想法要如何調整，也會跟你分享一些放鬆的技巧。」

 完美主義

聽到「完美主義」四個字，不知道讀者心中升起的感覺是正面還是負面的呢？

心理學家最初在研究完美主義時發現，它時常帶來許多負面影響，包括焦慮、憂鬱、心血管疾病、慢性疼痛、藥物濫用、自殺等。然而，後續研究則發現，完美主義並非完全不好。「健康的」完美主義者，會有較佳的學業表現、較少情緒困擾、比較盡責且隨和。因此，當代的完美主義研究多認為完美主義是個「多向度」的概念，包含正向與負向的部分。

國內曾有學者，綜合國內、外完美主義的相關測量工具，整理出三個正面向度：高標準、高秩序性、自我欣賞；以及三個負面向度：過度在意、拖延、不易滿意。相關的量表一共有 60 題，並且搜集了大學生的常模。

我們在此節錄六個向度中幾個代表性的題目，讓你感受一下自己的完美主義可能的傾向。不過請注意，任何心理測量工具，出發點都是為了協助你更了解自己，而不是幫自己貼了標

籤就結束了喔！

高標準

☐ 讀書應該是要一字不漏、鉅細靡遺才對。

☐ 我比別的同學花更多時間蒐集整理寫報告的資料。

☐ 為自己設定高標準，可以讓我表現得更好。

高秩序

☐ 我討厭有突發事件影響既定的計畫。

☐ 我很介意有人弄亂了我放東西的秩序。

☐ 我要先把書桌整理乾淨，才會有心情念書。

自我欣賞

☐ 我相信我有能力學習更多事物。

☐ 我欣賞自己能將預定的計畫一一實行。

☐ 只要有足夠的時間，我覺得我各方面都能表現很好。

過度在意

☐ 我不容許自己犯相同的錯誤。

☐ 我會因為害怕失敗，而不接受新的挑戰。

☐ 如果老師不喜歡我，這門課我就不想念了。

拖延

☐ 若依我的標準來念書，往往花費太多時間。

☐ 如果我覺得考前沒有充分的時間念完某個科目，乾脆一直拖

著不去念。

□ 我常要等到自己覺得準備夠了，才願意開始做事。

不易滿意

□ 我很少感到完全放鬆，總是覺得應該做點事。

□ 即使在某些科目上有不錯的表現，我還是很少感到滿意。

□ 如果都沒有任何讓別人稱讚的表現，我會覺得自己很差勁。

資料來源：董力華〔民96〕。大學生完美主義量表之內涵建構與編製。《高醫通識教育學報》，2，235-257。）

小綠：「好，這真的很重要！」

心理師：「是啊，之後我們除了可以練習讓自己在壓力這條軸線上左右移動之外，學習更多技巧之後，倒U曲線的頂端這裡也會變得比較寬，這就是大家所謂的『抗壓性』增加了哦！」

小綠：「抗壓性，好好好，這部分我太需要了。下次再麻煩心理師多告訴我關於這些的知識和技巧，太感謝了！」

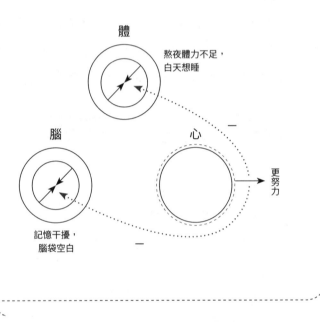

面對模擬考「更努力」的小綠
三力圖

體

熬夜體力不足，
白天想睡

腦

記憶干擾，
腦袋空白

心

更努力

　　這是面對模擬考時「更努力」的小綠。為了讓自己表現更好，她調動心力來指揮體力與腦力，在連續熬夜念書的狀況下，反而讓體力與腦力都變得更差，圈圈往裡面縮得更小了。

心理師的臨床筆記：小綠

現象（WHAT）

小綠是一個自律性高的孩子，同時對於權威與外界的要求有很高的順從性——這一點，從治療關係快速建立也可見端倪。然而，面對影響生涯的重大考試壓力，她選擇了更加努力。正是這樣的「更加努力」，引發了許多原本不存在的問題：生理的過度激發、睡眠的不足、記憶固化歷程受到干擾。

概念化（WHY）

從腦力、體力、心力此三力的角度來看，小綠的「更加努力」是一種心力的過度運用，干擾了正常的體力恢復過程，也間接促使她睡眠被剝奪，除了白天的嗜睡感增加外，也因睡眠剝奪反而耗損了腦力（記憶無法透過快速動眼睡眠來固化）。這樣的歷程，是常見的「調節失敗」案例，也就是原先用來解決問題的方式，反而製造了問題。

介入（HOW TO）

本次先透過直接的心理教育（psychoeducation），讓小綠找到方法恢復原先體力、腦力的自然狀態，並聚焦在她的「心力」，試著引導她讓出一些空隙。同時，在會談中評估

這樣的方式是否足以改變她的行為模式。如果後續會談發現她的行為與思考仍僵化難以改變，可能要考慮採用其他間接改變技術。

📖 **推薦閱讀**

- 《為什麼要睡覺？睡出健康與學習力、夢出創意的新科學》（2019），天下文化。
- 《我已經夠好了：克服自卑！從「擔心別人怎麼想」，到「勇敢做自己」》（2014），馬可孛羅。
- 《99分：快樂就在不完美的那條路上》（2009），麥格羅・希爾。

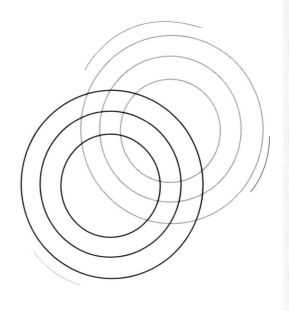

連假下午
在民宿遇見
廣告設計師

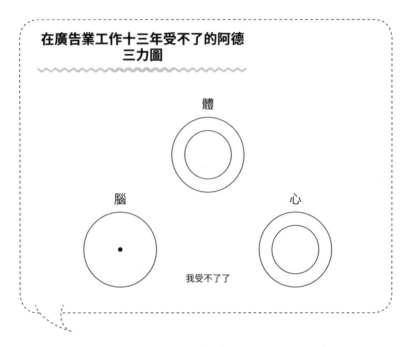

在廣告業工作十三年受不了的阿德
三力圖

體

腦

心

我受不了了

　　這是阿德的三力圖，他在廣告業工作了十三年，終於受不了了。長期處在大量使用腦力的廣告業，阿德的腦力明顯耗損，只剩一點點。久坐的工作型態也讓他體力衰敗，對於工作的熱情幾乎是掏盡一空，因此體力、心力的圈圈也都縮小了。

　　清明長假前，完成了累積許久的報告，我告別離不開卻始終不太習慣的繁忙都市，向家人請了假，決定自己到遠方散心走走。

　　我將這趟旅程定義爲「沒有特定目的」，我告訴自己，

就到一個沒去過的地方，一間民宿、一個小景點，轉換一下思緒。有緣或許能在異地認識不同人、體驗在地或是外地人的生活，倒也新鮮。

　　正煩惱著應該去哪的時候，電視播著旅遊節目正介紹東台灣的美景。

　　「就是你了！」我心想，急忙訂下前往花東的火車票，期待這趟旅程的到來。

＊　＊　＊

　　在火車上，旅客三三兩兩地談著天。我慢慢地吃完手上的台鐵便當，也不知不覺地抵達了所在的車站。循著 Google Map 的引導，走了一、兩公里，來到先前在網路上預定的民宿。

　　「一步、兩步、三步……」過去在都市生活裡，不管是搭車還是走路，總不自覺地感染都市快速的氣息，步伐也愈來愈快、愈來愈大。好不容易來到這邊，我給自己的第一個任務就是好好走路、慢慢走路。

　　乾淨、典雅的民宿，周圍望去盡是田地、溪流與零星的獨棟建築。有趣的是，這附近的建築都不超過兩層，為美好的藍天留下了盡情發揮的舞台。

　　走入民宿，按著預約時取得的密碼，我在小櫃子取得房間的鑰匙和簡單的入住說明。進入房間，將行李簡單整理、沖

了個澡後，我按照住宿說明的「邀請」來到了民宿大廳。

　　這間民宿很有趣，主人時常不在，一切都是自己來，也不鼓勵使用一次性的用具，會選擇這種民宿的旅客，倒也都樂意配合。而這個空間並沒有因為「沒主人」而顯得零亂，反倒很自然感受到簡潔又清爽的氛圍。

　　民宿大廳裡擺放著許許多多的書、泡茶的器具、一些毛線和打毛線手冊。在這間民宿裡，大廳不是引導大家前往各自房間的過度區域，而是主打特色，民宿主人歡迎大家在這裡慢下來，認識朋友、看看書、喝喝茶。

　　對都市人來說，整間民宿其實有點無聊，沒有電視，甚至不提供 Wi-Fi ！！沒想到民宿主人居然如此忽視這麼**基本的人類需求**！？

　　但是既然人都到了，就放下「現代化」的玩意吧。「入幽境，隨慢俗」，大廳入口掛這六個大字，定調了這個空間的遊戲規則。

 需求層次理論

　　1942 年，心理學家亞伯拉罕‧馬斯洛（Abraham Harold Maslow，1908-1970）提出了一個探討人類動機的「需求層次理論」。基本需求的定義是：若缺少可能會造成疾病，滿足需求則較不易患病，恢復需求則可能治癒疾病。在他的理論裡，

需求的最底層是「生理需求」，如陽光、空氣、水、食物、睡眠，是最基本且迫切的需求，更上一層則是安全需求、社交需求、尊嚴需求，最高的需求則是自我實現——指的是活出自己人生最期待的模樣，知道自己為何而活，生活踏實而有意義。

在這個人手一機的時代，曾有網友趣味地將「Wi-Fi」、「行動電源」需求放在生理需求的下面，認為這是比陽光、空氣、水更重要的「生存」需求。

我望著大廳裡的擺設，一邊留意著其他的旅客，一邊觀察他們在這個空間裡頭的樣子。特別吸引我注意的，是一位正專注泡茶的仁兄，看他屏氣凝神地注視著手中緩緩流出的熱

水、冒出的煙霧，確實很符合這個民宿的精神。

　　心理師的本能蠢蠢欲動，現在也沒什麼事做，不如來聊聊天吧。雖然多少遲疑有可能打擾到對方，但也許是個認識新朋友、融入當地的好機會。

心理師旅途上遇到東漂的阿德

心理師：「哈囉，你也是來玩的嗎？」他還倒著手上的茶水，沒有馬上回應我。

　阿德：「你看這流水……還有伴隨的煙霧，其實滿有意思的。」

心理師：「是啊，確實很符合這間民宿的意境。」

　阿德：「是啊，你是外地來的嗎？我住在附近。下午來找老闆泡茶聊天，結果，他接到一通電話又消失了，真是不夠老闆！」

心理師：「哈哈，沒想到這間民宿的老闆居然會出現，真希望有機會看看他廬山真面目。」

　阿德：「也沒這麼困難，我在這待了一陣子，偶爾就來找他喝喝茶。」

心理師：「住附近，你是當地人囉？怎麼稱呼啊？」

　阿德：「叫我阿德就好。我看起來像是當地人了嗎？哈哈，老實說，我搬來這裡兩年多了，還在適應這邊的步調。你聽過『島內移民』嗎？」

心理師：「聽過，這名詞也算夯，所以算是『東漂』了是吧？」

阿德：「哈哈，也不全然啦。我來這不是來賺錢的，而是來調養身心的。」

　　沒想到在這能聽到這麼熟悉的字眼，我的好奇心又打開了。

心理師：「調養身心……聽起來挺有意思的，是不是有什麼故事可以和我分享的？」

阿德：「故事倒也說不上啦。不過，之前過的日子還眞的讓我吃不消。」

心理師：「喔喔，那是怎樣的生活型態呢？」我已經顧不著職業病發作的行爲，一心覺得對方的故事或許可以讓我這趟旅程更有趣。或許，我潛意識也期望這位在這裡混了兩年的仁兄，能和我分享一些不同的人生體悟。

阿德：「我之前是做廣告的。你知道廣告業嗎？」

心理師：「有些了解，但不太知道細節。」

阿德：「我剛入廣告業的時候，這行還算好賺，只要稍微有點創意和新意，要獲得賞識其實不難。入行沒多久，我就升了主管。不過，時代變了，現在廣告業的競爭很大。」

心理師：「是啊，畢竟有太多吸引大眾目光的方式了！」

阿德：「沒錯，這個產業面臨的轉型危機不小。不過，我自己覺得讓事情更慘的真相，只有待過廣告業人才會知道。」

心理師：「聽起來是有個不為人知的辛酸面？」

阿德：「有夠辛酸！一開始以為只要能把客戶搶過來就行了，後來才發現，『滿足客戶』是個更大的挑戰。你能想像嗎？案子一忙起來，我們團隊每天都得熬夜。如果只是熬夜也就算了，我工作五、六年之後，還得了**胃潰瘍**。後來想想，應該跟飲食亂七八糟脫不了關係，三餐不定時、動不動猛灌咖啡、吃泡麵……」

✓ 胃潰瘍真的跟壓力有關嗎？

在壓力大的狀況下，身體為了應對，會產生一些後遺症，好比故事裡的主角碰到的胃潰瘍。雖然當代醫學有部分研究已經發現，這些腸胃疾病主要致病原因是因為感染幽門螺旋桿菌，而非過去認為主要源於壓力與飲食習慣。不過，生活習慣、壓力等狀態，確實還是會讓腸胃狀況變得更嚴重。

特別是壓力，因為在快速的壓力下，身體會啟動「危機模式」，改變運作方式，例如：讓肌肉維持緊繃，才能更有力

量，好應付壓力；心跳和呼吸加快，產生更大的新陳代謝及供氧量，讓身體有足夠能量去挑戰壓力；注意力會集中，去覺察外在環境及任何危險。此外，壓力下的身體反應，會把多數能量集中在上述肌肉、心跳、呼吸和注意上，這時我們的腸胃及消化系統為了節省能量，有時運作變得較為緩慢，甚至是休息，久而久之，腸胃系統就可能出現負面影響，像是：腸胃不適、腹瀉、大腸急躁症和胃潰瘍的症狀與疾病。

心理師：「哇，聽起來真的是壓力很大的工作型態。」

　阿德：「就是啊，每次提案都得生出新的創意。服務業總是說要滿足各種『奧客』的要求，後來想想，廣告業也差不多啦……『我要的紅色，不是鮮紅色的紅，而是勃艮第酒（Burgundy）的紅色，但又要帶有一點威尼斯的紅……』這種經典例子真是舉都舉不完！」

心理師：「哈哈，聽起來你在業界待了蠻久的？」

　阿德：「我想想，前前後後，大概也這樣做了十三年。」

心理師：「嗯嗯，是什麼契機讓你決定停下來的？是剛剛提到的身體狀況嗎？」

　阿德：「是啊，除了腸胃明顯變很差之外，工作愈久我開始發現，自己變得怪怪的。」

心理師：「喔，怎麼說呢？」

阿德：「除了剛剛提到的腸胃問題，工作幾年之後，我的頭常常開始陣痛。但我看以前資深的前輩也是這樣，大家都說沒什麼大不了。做廣告、搞創意的，哪個人不頭痛呢？」

各種毛病成了家常便飯

心理師：「頭痛變成基本配備，真是太辛苦了。」

阿德：「基本上，痛了就來點止痛藥，偶而吃吃也就沒事了。不過，後來除了頭痛之外，同事跟下屬說我開會時注意力常常不太集中，之前講過或聽過的事情，也常忘東忘西的。」

心理師：「喔？」

阿德：「一開始我不以為意，想說應該是壓力大吧，一陣子就沒事了。不過，每到開會的時候，我確實發現，自己真的不像以前一樣，有辦法生產出那麼多創意。這太可怕了，畢竟我就是靠創意一路爬到現在的位置。」

心理師：「這感覺，真是讓人挫敗。」

阿德：「是啊，除了創意變少、靈感變差，記性也不好，開會常恍神，前一分鐘大家在討論的事，有時沒幾分鐘我就忘了。我還記得有個比較沒大沒小的新鮮人，問我是不是得失智症，真是氣死我了！」

心理師：「哎呀，想必他不懂什麼是失智症啦！不過，剛剛聽你提到兩種狀況，一部分是生理上頭痛的症狀。另一部分是在大腦的認知心理功能裡，好像有注意力下降、記憶力變差，還有創造力枯竭的狀況。」

阿德：「你說對了，廣告業誤我多年呀，讓我身心俱疲！」

心理師：「在這種環境待久了，我想還可能會遇到其他相關的狀況，不知道有沒有同事反應，你的情緒起伏變得很大，或是容易暴躁生氣，難控制衝動？」

工作一忙起來的阿德。

糟糕，職業病發作到最高點。對方陷入了短暫的沉默，我心頭一驚，擔心自己是不是問太多了。

阿德：「哈哈哈，你是算命的嗎？」

心理師：「雖不中，亦不遠矣。被發現啦，我的工作是臨床心理師。」

阿德：「哦，是心理醫師嗎？你一定遇過很多像我們這種狀況吧？這需要吃藥嗎？」

心理師：「哎呀，台灣沒有『心理醫師』這種專業，在台灣分為醫師及心理師，如果因為身心狀況需要就診，精神科醫師確實會提供藥物的治療。不過，我們臨床心理師，主要是透過對談的方式，陪伴個案面對與處理生活裡頭遇到的狀況。」

阿德：「所以你們是不開藥的啊？但談話，聊一聊真的會有幫助嗎？」

心理師：「當然，因為我們談話背後其實有一整個心理學的研究和理論支持，和一般純聊天其實是不一樣的。」

阿德：「也是啦，我相信大家都有自己的專業。但你可以跟我分享一下，我這種狀況是怎麼一回事？真的是**失智症**嗎？」

✓ 失智症

記憶能力是人類相當重要的認知功能之一，偶而，我們會忘記帶鑰匙出門、忘記新來報到的同仁名字，不過，在提醒或者回想之後，往往都可以再想起來，這種狀況不是失智症，而是一般的健忘。

失智的患者即使經過家人提醒，可能仍無法及時記得對方的名字。依據失智症的病程發展，患者最先遺忘的是時間感（忘記今天是幾日、星期幾），發展到中度失智時，則開始喪失地點感（出門會迷路），最後則是連人都記不住了。

臨床上的失智症（Dementia）是由一群症狀組合而成的診斷。主要除了記憶力減退之外，大腦的許多認知能力也會受損，如語言、空間、計算力、判斷能力、抽象思考、注意力。有些失智患者還會出現不當的干擾行為、個性改變、妄想或幻覺、情緒變化等症狀。

不過嚴格來說，失智症還有很多不同的型態與亞型，除了常見的退化性失智（包括阿茲海默症、額顳葉型失智症、路易氏體失智症）外，還有血管型失智症及其他原因引起之失智症（例如腦瘤、腦炎……等）。因此，每個病人一開始的症狀也可能不盡相同。若想獲得更多資訊，可以上網搜尋「台灣失智症協會」，參考他們的網站獲得更多資訊。

心理師：「我初步判斷認為，你遇到的狀況比較不像臨床上典型的失智，而是一種我們稱為『腦力耗竭』的狀況。」

阿德：「喔？」

心理師：「大量用腦的工作者都可能有過類似的經驗，我來形容一下，你也一邊感覺看看喔：當我們整天都專注忙碌工作之後，會有一種頭昏腦脹的感覺吧？」

阿德：「是啊，我相信心理師你們應該也是這樣，要大量用腦。」

心理師：「真的，成語博大精深，這種『頭昏腦脹』的感覺，其實不只是一種比喻而已。事實上，大量用腦之後，我們的腦袋確實是真的脹脹的，因為專注使用腦力，大腦裡產生了各式各樣的廢物，來不及被『膠淋巴』系統排除出去。」

✓ 膠淋巴

為了維持生命，我們需要從外界獲得必要的營養與支持，好比氧氣、食物中的養分等。這些物質進入身體後，身體裡頭複雜的細胞會各司其職，進行相關的化學處理。由外界進入體內的這些物質，乃至於相關化學反應的過程，難免會產生一些廢物。在我們的身體中，這些廢物主要是依賴「淋巴系統」搜集

集中，再透過血液傳遞至相關的器官（如肝、肺、腎），排到體外。

大腦中扮演這個「清道夫」系統的，除了淋巴之外，還涉及「神經膠細胞」，合稱為「膠淋巴系統」。「β—澱粉樣蛋白」就是一種常見的大腦垃圾，若無法透過膠淋巴系統排除，就很可能引發如失智、帕金森氏症等大腦的認知疾患。

研究者還發現，膠淋巴系統在睡眠時期的運作速度比清醒時還快，特別是在熟睡期。因此，當我們呼呼大睡時，膠淋巴系統正在拚命地協助我們把腦中的垃圾處理掉，所以千萬別為了偷時間而省睡眠，那可是會讓大腦累積太多垃圾的！

膠淋巴原來是清道夫

阿德：「膠什麼？你剛說那個什麼膠啊巴是什麼東西？」

心理師：「是『膠淋巴』啦！一般人應該都沒聽過這個詞，我們體內有一個淋巴系統，膠淋巴是另一套在大腦裡的獨立系統。」

阿德：「都是系統？」

心理師：「是的，你應該聽過大腦裡有很多神經串連在一起，我們在動腦時，這些神經會互相傳遞訊息。」

阿德：「有，以前生物學過，叫什麼『神經元』是嗎？」

心理師：「嗯，那你應該知道神經之間有『電』傳來傳去。在

我們思考、處理事情時，大腦被激發而放電之後，
會在神經中間產生很多廢物，膠淋巴系統會幫我們
把這些廢物清運掉，讓神經可以重新運作起來。」

阿德：「聽起來有點像是清道夫。」

心理師：「這比喻真好，不愧是資深廣告人！就是這樣，如果
我們沒日沒夜地使用大腦，耗盡腦力之後，膠淋巴
系統可能就會來不及把廢物清運掉。」

阿德：「垃圾堆太多了，清道夫來不及清掉？」

心理師：「沒錯！一般而言，我們如果好好睡覺，膠淋巴系統
在夜間的運作速度會加快，還是有機會可以清完。
但你剛剛提到之前的工作狀況，經常需要熬夜，這
時候膠淋巴系統就沒辦法加速運作了，最後結果就
是大腦裡面……」

阿德：「都是垃圾！」

心理師：「哈哈，答對了，結果就是你發現要維持專注變得更
困難，也因此警覺性下降，開始忽略身邊的訊息，
當然注意力變差，記憶力也可能受到影響了。」

阿德：「唉，腦袋裡卡著一堆垃圾，難怪我沒有辦法想到新
的 idea（點子）。」

心理師：「是啊，你會發現自己的幽默感、創意多少受到影
響，因為你更難用不同觀點去看事情。」

阿德：「難怪，頭昏腦脹讓人『腦力下降』，所以注意力及

認真的你，有好好休息嗎？──平衡三力，找回活力

記憶也變差了。不過，你剛剛是怎麼知道我之前工作壓力大的時候，脾氣變得很差呢？」

心理師：「其實，像你這類型的工作者，本來就會累積很多情緒壓力。在大腦運作良好的時候，我們還可以用意志力去克制情緒衝動。可是，像我們剛剛提到的，如果大腦沒有辦法好好運作，也就沒什麼**意志力**可言了，這些自然累積許久的情緒，很容易一下子就爆發出來。」

 意志力

意志力（willpower）雖然是大家耳熟能詳的詞彙，不過在心理學上，它更常被稱作是一種「自我控制能力」。在身體、內心各種需求互相競爭時，我們能否好好抑制某些需求，好滿足其他需求，這就是一種意志力，也就是自我控制力的展現。

在心理學發展上最有名的意志力實驗，莫過於 1970 年初，華爾特・米歇爾（Walter Mischel, 1930 － 2018）進行的棉花糖實驗了。一群幼兒園小朋友進入了實驗室，實驗室的大人先展示一顆美味的棉花糖，並告訴小朋友，大人等一下會先離開一陣子，如果想吃棉花糖的話，可以吃掉沒關係。但如果能等到大人回來的話，就可以得到兩顆棉花糖。

在過程中，小朋友在「想立刻吃掉」和「延宕滿足換來兩顆」

之間拉扯。有些小朋友無法展現意志力，抵擋不了誘惑，立刻把棉花糖吃掉；有些小朋友則忍耐了十五分鐘以上，最終獲得兩顆棉花糖。能成功抑制誘惑的小朋友，發展出各式各樣不同的策略，來幫助自己可以自我控制、面對誘惑。

在華爾特・米歇爾後來因此研究而撰寫的《忍耐力》（*The Marshmallow Test: Mastering Self-Control*）一書裡，他表示意志力除了是一種自我控制之外，也涉及了決心、策略及方法，在妥善運用這些因素之後，自我控制才能堅持下去。也就是說，提到意志力時，純粹的硬碰硬其實不是最佳的做法。

阿德：「原來我脾氣變差背後居然有這樣心理因素。」

心理師：「是啊，心理學可以提供我們看事情的不同觀點。好比，很多人在意志力下降的時候，可能會遇到其他狀況，像是更難拒絕食物的誘惑，或者出現衝動購物的行為。」

阿德：「哎唷，又被你說中了。哈哈，我兩年前剛來這裡時，不到兩小時就決定把一塊地買下來了，被我爸媽罵個半死，這應該也是一種衝動購物吧？！」

心理師：「可能哦！不過我好奇，你說你來這裡兩年了，那你本來的工作呢？你後來都在這邊做些什麼呢？」

阿德東漂後的生活

> 阿德：「也是要感謝我當時的大老闆。兩年前，我的主管私下告訴我，她覺得我不太對勁，強迫我要休個長假，甚至連火車票啊、飯店都請助理幫我訂好了，我就糊裡糊塗地到了這邊。」

> 心理師：「老闆真的是有 sense（概念）啊！」

> 阿德：「哈，那時我倒覺得迷惘，沒事幹嘛叫我放假？但她說，願意讓我留職停薪，叫我不用擔心。我就乖乖搭著火車，來到這兒。走出火車站後，我四處晃著，然後走到了這塊地，就是你剛剛進來民宿旁邊的那塊田啦。當時看到這塊地在出售，價格不貴，當時也沒多想什麼，直覺我需要一塊地，於是打電話過去，就跑去土地代書那邊交易了。」

> 心理師：「哇，確實很衝動。不過，感覺你內在隱約就知道你需要一塊地來復原。」

> 阿德：「真的，不是有種感覺叫第六感嗎？我就覺得來這邊就需要一塊田。土地買下之後，我就打電話給我的大老闆說：『老闆，我決定要辭職了！』」

> 心理師：「你大老闆一定傻眼了，原本是要讓你休息，不是要你永久歇業啊！」

> 阿德：「對呀！哈哈，我那時一定很衝動。不過，決定了就是決定了。後來，我就開始慢慢整理這塊地，還在

上面蓋了一間小農舍，到處找一些人家不要的老家具老門板。」

心理師：「有點浪漫欸！」

阿德：「還有更浪漫的，你看到民宿跟田地那邊附近有一棵老樹嗎？那棵樹是我救起來的。剛到這邊時，有個地方要改建，庭院裡面有棵老樹，本來是要砍掉的，我就把它移植到這裡了。說也奇怪，不知道是不是因為我救了它，每當我在田地裡工作，累了休息時，都會感覺到它的陪伴。」

心理師：「太浪漫了！原來那塊農地是你的，你種植一些作物嗎？」

阿德：「哈哈，嚴格來說應該是半路出家的農夫！不過，也沒有種什麼太複雜的植物，就是一些平常吃得到的菜。你有種過菜嗎？」

心理師：「沒有呢。」

富涵正念的生活

阿德：「跟你說，種菜的感覺其實很好欸！我覺得種菜是一種修心法，你雙腳踏在土地上，好好的施肥、挖土，一次一株，專心勞動，雖然身體是累的，但你看著那些菜一天一天長大，最細微的變化都看在眼裡，種菜竟然種出成就感，非常出乎我的意料，我

認真的你，有好好休息嗎？──平衡三力，找回活力

的心完全被療癒了。」

心理師：「太讚的經驗了，沒想到土地成為你的治療師了。你知道嗎，你剛剛跟土地互動的模樣，其實是心理學近代很流行的一種觀念，稱為『正念』。」

阿德：「喔，是哪部分？」

心理師：「嗯嗯，在你剛剛描述裡，我聽到了兩個重點，一個是你很『專心』地勞動，還有用細膩的眼睛觀察、看見過程中『細微』的變化。」

阿德：「這就叫做正念？是正向思考的意思嗎？」

心理師：「正念的正，不是『正面』的正，而是『正在』的正，比較像是 -ing，以前學英文說『現在進行式』的意思，也可以稱為『此時此刻』，here and now。正念最簡單的解釋是，全然專注在所處的當下，一刻接著一刻。」

阿德：「哇，有點複雜，種田也是正念嗎？」

心理師：「是啊，像你剛說你在種菜的時候，會把注意力放在很多當下的細節。腳踩在土地上的感覺、觀察植物每天的變化、專注在除草施肥的每一個動作……」

阿德：「真的，你有機會來試試看，很療癒。」

心理師：「我猜，你提的療癒感，就是因為專注在當下，不知不覺把你本來煩亂的思緒，慢慢沉澱下來的感覺吧。」

阿德：「也許是喔，以前都是腦力工作，沒想到回歸這些簡單、務實的『勞動』時，反而會覺得整個心思都平靜了下來。兩年下來，也覺得自己腦袋好像慢慢恢復了清爽。」

心理師：「剛剛看你泡茶的時候也很專注。」

阿德：「是啊，這是民宿老闆教我的。」

心理師：「來，茶都冷了。我們再泡一壺吧！」

阿德：「心理師，你也會泡茶哦？」

心理師：「沒有很專業啦！不過之前有個案去跟茶道老師學過，我也偷學了一點。」

阿德：「哈，好，快！教我怎麼**正念的泡茶**！」

心理師：「好啊，我們就先享受一下煮水的過程。把水慢慢裝滿，你聽那個聲音，空的水壺、滿的水壺，其實很不一樣。一邊感覺一下，倒水過程微微濺出來的水花……」

阿德：「好，你一邊說，我一邊專心地試試看……」

心理師：「水裝好了，我們來點火吧，你看，民宿主人一定很懂正念，居然是用暖爐那種柴火，我們一邊看著水煮開，一邊感覺一下煮水的時候，視覺的、聽覺的、嗅覺的感受……」

阿德：「你不說我還沒發現，木頭燃燒其實有股特別的味道呢！」

認真的你，有好好休息嗎？——平衡三力，找回活力

心理師：「是啊，願意的話，我們一起輕鬆地閉起眼，聽聽煮水的聲音，一邊留意一下自己的身體，它現在是怎麼呼吸的⋯⋯」

此刻，在民宿大廳，我們一起活在這個獨特的當下。

暫時放下「要做些什麼」的急迫，專心品味這一刻，細膩地看見、聽聞、感受只存在於此刻的豐富經驗。五、六分鐘後，爐火上的水滾了起來，爐子發出「呼─呼─呼─」的聲音。

正念

正念約莫在近十年間在心理學界流行起來，原文 mindfulness 指的並不是「正向」思考，比較像是「現在進行式，-ing」的「正在」之意，而念可以拆解成「今」與「心」二字，也就是「當下的心」。美國首位系統性使用正念，並以之發展出「正念減壓」的喬 · 卡巴金博士（Jon Kabat Zinn）對正念所下的操作型定義是：「以一種不加評判的態度，刻意地留心覺察當下此刻」。

正念已經廣泛地運用在許多醫療和教育領域，實證研究發現正念的介入可以有效改善憂鬱症復發、焦慮症狀、失眠、慢性疼痛，乃至於提升學生專注力，改善人際關係與衝突等。

最直接練習正念的方法被歸納為「正式」的正念練習，如

觀呼吸，也就是以呼吸作為專注的對象，在練習期間，完全與呼吸同在，當心念飄移，不管是被任何東西、思緒、情感、感受給帶走，都不急著做出任何回應（好比大腦慣性的批判、判斷、壓抑等），只需發現心念跑掉了，一次又一次地將專注的焦點再次帶回呼吸就好。

此處提到的「正念泡茶」則被歸類於「非正式」的正念練習，不管是洗碗、洗澡、走路、吃飯，或各種日常生活的活動，只要我們帶著專注的心，一心一意、全心全意地投入其中，放下預設的思考與判斷，抱持著第一次做的初心，通常都會發現原本生活中熟悉的一切行為裡頭，蘊藏著許多我們過去未曾發現的細緻風景。

「那我是個正念過日子的人嗎？」相信許多讀者都曾想過這個問題，我們在此整理並簡短摘要了「五面向正念問卷」（Five Facet Mindfulness Questionnaire，FFMQ）當中的一些關鍵題目。在正念相關的研究裡，這份問卷時常用來作為評估正念的工具。讀者不妨來個檢測，看看自己的生活是否抱持正念。

正念特質一：觀察力（Observe）

☐ 我走路的時候，會刻意留意身體移動的感官知覺。

☐ 我會注意感官知覺，例如風吹過頭髮或太陽照在臉上。

正念特質二：描述力（Describe）

☐ ＊我很難找到適當的字眼來描述我在想什麼。

認真的你，有好好休息嗎？──平衡三力，找回活力

□ ＊我發現自己很難專注於當下正發生的事。

正念特質三：帶著覺察行動（Act with Awareness）

□ ＊我發現自己會心不在焉地做事。

□ ＊我匆匆忙忙地進行各種活動，很少真的加以注意。

正念特質四：不急著評價（Non-judge）

□ ＊我告訴自己不應該有當下的想法。

□ ＊我認為自己的某些情緒很糟糕或不適當，我不應該如此
感受。

正念特質五：不急著做出反應（Non-react）

□ 我能感知到自己的感受與情緒，而不會一定得加以反應。

□ 我會觀察自己的感受，但不陷入其中。

註：標註＊符號的是「反向題」，也就是「不正念」的描述喔！

阿德：「水滾了，我沖壺茶來一起喝。」

心理師：「好啊，不過這次我們慢一點，水很熱，不急。你先
聞一下茶葉，捏捏它、聞聞它、戳戳它，聽聽它的
聲音，接著慢慢地把茶葉放到茶壺裡，一邊慢慢地
把水澆入茶壺……」

隨著水慢慢注入，我們一起凝神地聆聽，一邊嗅聞茶葉的味道慢慢打開了。

　　阿德：「真的是藝術，難怪茶道是一門學問。」
心理師：「是啊，你看茶葉在水裡的樣子，慢慢綻放開來，一
　　　　　沙一世界、一花一天堂……」
　　阿德：「心理師，你也很浪漫喔！」
心理師：「哈哈，沒有啦！來，我們以茶代酒，乾一杯吧！」

　　喝下前，我們專注地聞著茶香，摸著逐漸熱起來的茶杯，小口小口地品嚐、品味著這壺獨特的茶。
　　「好喝！」我們異口同聲的讚嘆。
　　嘎然一聲，民宿大門打開了。

　　阿德：「誒，老闆你回來了，快！來喝茶，我介紹一下我剛
　　　　　認識的心理師朋友給你認識！」

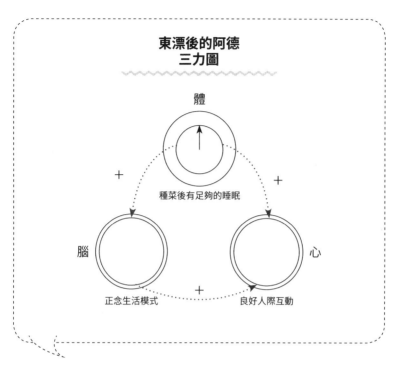

東漂後的阿德
三力圖

體

種菜後有足夠的睡眠

+   +

腦   心

正念生活模式   +   良好人際互動

　　這是東漂後的阿德。在外在環境大幅轉變下，阿德有了足夠的睡眠與休息，在體力的恢復之餘，更逐步恢復了腦力。此外，從忙碌工作轉換為享受農耕及大自然，加上正念的生活風格同時讓腦力獲得適當修復。而在體力、腦力逐漸良好的運作下，阿德恢復了原先的幽默感，加上良好的人際互動和交流，也對心力恢復有加分效果。

心理師的臨床筆記：阿德

現象＋概念化（WHAT & WHY）

　　長期在廣告業工作的阿德，因長期高壓的工作型態、缺乏足夠休息和睡眠的關係，膠淋巴來不及代謝下而影響到腦力狀況，陸續出現許多腦力耗損的症狀，如健忘、難以集中注意力、缺乏創意、恍神等。同時，體力不佳、腦力耗損的狀況下，他的心力也受到影響，故出現情緒難控制、易怒，以及衝動購物（如未經思考直接買下土地，此外毅然決然辭職之舉，亦不排除為衝動行為）。

（自我）介入（HOW TO）

　　在這些狀況下，阿德的老闆鼓勵他休假，幫他規畫一趟旅行在東部生活後，阿德開始種菜及田野活動，這類活動通常會耗費許多體力能量，在足夠時間的休息和睡眠下，阿德的體力日漸正常。

　　此外，在東部不知不覺放慢的生活速度，正念的生活模式，轉換了過去戰鬥式的提案生活，阿德開始享受農耕、喝茶、製作手工家具等當下的正念行為，這些生活作息意外地提供大腦「休息」，同時，足夠且良好的睡眠下，膠淋巴代謝良好，也對腦力恢復有很大的加分效果，兩者相輔相成。

　　體力獲得足夠休息，加上腦力恢復了，阿德在人際上也恢

復幽默感，和民宿老闆和生活周遭人物之間的人際交流互動，使得他的心力也逐漸穩定，因此能夠靜下心來，找回了穩定情緒和豐富創造力。當然，環境提供的線索和引導，與置身不同環境帶來的效果，也是重要的因素。在與阿德互動時，我們感受到他的專注、好客、友善等特質，相信這些特質亦是未來在人際互動中，創造更多正向經驗的良好要素。

📖 推薦閱讀

- 《忍耐力：其實你比自己想的更有耐力！棉花糖實驗之父寫給每個人的意志增強計畫》（2015），時報出版。
- 《輕鬆駕馭意志力：史丹佛大學最受歡迎的心理素質課》（2012），先覺。
- 《當下，繁花盛開》（2008），心靈工坊。
- 《為什麼斑馬不會得胃潰瘍？：壓力、壓力相關疾病及因應之最新守則》（2001），遠流。

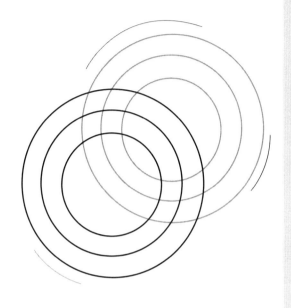

一直受傷的
重訓男子

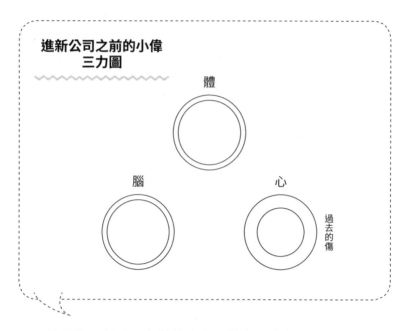

這是進入新公司之前的小偉。其實,他在腦力與體力上,都沒有明顯的耗損。然而,因為過去曾遭受霸凌,心裡有些殘留的傷;故在心力的部分,圈圈有點縮小。

線上,LINE 對話,22:12

何教練:「在忙嗎?」

心理師:「現在可以,怎麼了嗎?」

何教練:「我碰到一個學員,我覺得他有一些狀況,可能需要你專業的協助。」

心理師：「什麼狀況？說來聽聽。」

何教練：「他整個人看起來非常急切。怎麼說呢，他有次在毫無準備的狀況下跑去參加馬拉松比賽，最後受傷了。明明不能跑了，他卻又去運動中心做重訓，在沒有任何教練指導的狀況下自己亂練，想當然沒過多久，因爲負重過大加上施力錯誤再次受傷啦！後來，有人推薦他來我這裡，我評估了一下，覺得可能需要多了解他的心理狀態，於是推薦他去找你。」

心理師：「你眞的是很有心理的 sense 欸～不愧是運動心理學博士。好，你再告訴他我們的聯絡資訊，說是你推薦的，再請他找個時間來跟我談談吧！」

＊　＊　＊

最近運動經常受傷的小偉

小偉：「心理師你好……我來了。」

心理師：「嗯！你是何教練介紹來的吧，教練跟我說過你可能會來找我談談。怎麼稱呼你呢？」

小偉：「對，是他建議我來的，叫我小偉就可以了。但說實在，我不清楚爲什麼要來諮商。」

心理師：「沒關係，很多人剛開始來的時候，也不太確定諮商可以幫忙什麼。這樣好了，我們先聊聊你之前的狀況，再看看我能提供什麼協助。何教練提到，你之

前好像做了一些體能訓練？」

小偉：「嗯，對啊！這幾個月開始密集練，不過後來一直受傷，好像也沒什麼進展。」

心理師：「嗯嗯，何教練提過這個情況，他說你運動時似乎都抱著挑戰自己體能極限的心情，幾次也因為這樣不小心受傷了，是嗎？」

小偉：「我是受了傷，不過，『挑戰極限』這四個字我就不同意啦……運動不就是為了挑戰自己嗎？有什麼不好嗎？」

心理師：「好，我想這部分就是我們可以多多討論的細節。我們許多行為的背後，都是出自內心的想法，如果有機會洞察、澄清這些想法，也許更有助於我們達成目標。你願意和我分享一下嗎，對於『挑戰極限』，你的想法是？」

小偉：「我想想，要從什麼東西開始說起……，我先講之前跑馬拉松的事情好了。」

心理師：「嗯嗯，你最早怎麼會想到跑馬拉松？馬拉松確實是一種自我挑戰型的運動。」

小偉：「那一陣子公司剛好有同事在跑，我心想跑跑步應該不難，就跟著去跑了，然後不知道為什麼，跑著跑著就受傷了。」

心理師：「原來是這樣子。」

小偉：「因爲腳受傷了，我心想那就換一種運動吧！所以就去租屋附近的運動中心練重訓。旁邊的人做什麼，只要有空位我就跟著做。」

心理師：「眞有行動力！」

小偉：「但，不太順利啊！我看那些器材都很簡單的樣子，每天都去練，有時候肩膀痛、有時腰痛，就只好休息，再換別種器材。就這樣斷續練了一陣子。健身房有個不認識的人跟我說，健身、重訓啊，一開始最好還是找教練指導，不然很容易受傷。後來，他就推薦我到何教練那邊上課了。」

心理師：「嗯嗯，原來是這樣子找到何教練的。上課狀況還好嗎？」

小偉：「何教練感覺滿專業的！他其實沒有一開始就要我訓練，反而先跟我聊了一陣子，也做了一些動作檢測，還很好奇我爲什麼想要訓練、過去曾做過什麼運動。不過，第一堂課以後，他就鼓勵我先來跟你聊一下。」

心理師：「了解，我想多知道一點，你剛提到自己開始跑馬拉松是因爲周遭同事都在跑，那麼你參加比賽之前也跟他們一起訓練嗎？」

小偉：「沒有啊，我看他們跑得好像很開心，想說跑跑步應該不難啦！我國小差點就入選進入田徑隊耶！正

好有次看到馬拉松比賽，也沒多想，很直覺就是它了，當天馬上繳錢報名了！」

小偉運動的背後原因

心理師：「原來如此，跑步之前的練習時間如果不太夠，確實比較可能受傷。那你在運動中心練習時也受了傷嗎？」

小偉：「我還記得第一次去運動中心的健身房，看到都是身材很好的人，心裡也很希望可以跟他們一樣 man，所以就在旁邊觀察身材最好的人都在練什麼。後來，我看到有人練臥推的器材，就是電影裡面常出現那種，我就過去跟著推幾下。一開始其實推不起來，我就使勁撐上去，當下沒什麼感覺，可是啊，隔天身體就超級痛，同事說我可能是肌肉拉傷了。但是我認為可能是器材不夠好，便決定去找一間更專業的健身中心。」

心理師：「喔？所以你做重量訓練，是希望自己多一點肌肉，讓自己變 man 一點？」

小偉：「沒錯！我覺得男人還是得壯一點啊！」

心理師：「怎麼說？」

小偉：「身體強壯一點，看起來比較健康不是嗎？另外，如果要打架也才打得贏啊！電影裡面不是都要打贏別

人，才可以保護心愛的人嗎？哈哈。當然也可以保護自己呀！」

心理師：「喔喔，聽起來背後有些故事，願意說來聽聽嗎？」

小偉：「看不出來吧，我以前會跟同學打架。說到打架，我可是很有心得的。」

心理師：「嗯嗯，來，想聽你分享一下！」

小偉：「雖然很有心得……不過，其實多數……都是輸的心得啦。以前學生時代，如果跟同學玩呀，或是起衝突打架，我都是輸的那個，現在出社會開始工作之後，是沒什麼機會打架了，但如果真要打的話，我想，現在的我不見得會一直輸！當然，前提是我要繼續重訓才可以。」

心理師：「是啊，畢竟你現在這麼有動力……我有點好奇，你剛提到打架、跟同學玩，大概是什麼時候的事？」

小偉：「國小、國中都有，大家喜歡鬧著玩。」

心理師：「嗯嗯，如果是還那麼小的時候，我知道有些小朋友比較不懂得拿捏分寸，有時候看起來是玩、有時像是在欺負同學。」

小偉：「（沉默）……對，你說中了。有時候，我回想以前同學那樣對我，會不會根本就是**霸凌**。因為他們每天欺負我，就是要我乖乖認輸……只是那個年代還沒有霸凌這個說法。」

心理師：「原來是這樣，我曾輔導過被霸凌的孩子，他們說被欺負的時候，完全不知道要怎麼辦，每天只想著要怎麼把今天過完，情緒有時糟到谷底，甚至希望自己可以隱身或消失。」

小偉：「他們說的很對啊，小時候我也這麼想過。」

心理師：「有些人曾跟老師或爸媽反映過，但大人好像都不當一回事。」

小偉：「真的，我也跟老師反應過，結果同學發現後，我反而被欺負得更慘。」

心理師：「是啊，大家都有類似的遭遇，相信你們當時都不好受。」

✅ 霸凌

根據中華民國教育部「校園霸凌防制準則」第 3 條第 1 項，校園霸凌指的是，相同或不同學校學生與學生間，於校園內、外所發生之（學生）個人或集體持續以言語、文字、圖畫、符號、肢體動作或其他方式，直接或間接對他人（學生）為貶抑、排擠、欺負、騷擾或戲弄等行為，使他人（學生）處於具有敵意或不友善之校園學習環境，或難以抗拒，產生精神上、生理上或財產上之損害，或影響正常學習活動的進行。

這樣的定義包含許多要素，另一篇中山大學的研究[3]則指

出，台灣師生對校園霸凌的定義是：「在力量失衡的情況下，對身體、心理、財物、權利造成損害的惡意行為。」其中要素包括惡意、攻擊行為、力量失衡、傷害結果等特徵。而霸凌的方式又可分為肢體霸凌、財物霸凌、行為霸凌、強迫行為、言語霸凌、關係霸凌等六類。

此外，不同角色的觀點略有差異。教師比較會重視霸凌重複發生的特性，學生則未提到；霸凌者自稱並非故意、只是開玩笑，教師及受凌者則視其為霸凌行為。

所以，到底什麼才算是霸凌呢？其實有個要點：霸凌是對無法自我防衛的個體施行重複的故意攻擊行為，來達成「統治或支配他人」的目標，隱含著力量失衡的權力關係。

因此，「權力控制」才是霸凌行為的核心。若是單純因為情緒、行為問題導致的攻擊行為（例如：某些情緒困擾的孩子因為衝動行為而對他人造成的傷害），缺乏權力控制的內在動力，其實不見得適合以「霸凌」來定義與處理。當我們能夠更細緻地區辨教室內的行為，方能有更有效的因應作為。

小偉：「心理師，你應該知道『邊緣人』吧？就是那種感覺。

3　Cheng, Y. Y., Chen, L. M., Ho, H. C., & Cheng, C. L.（2011）. Definitions of school bullying in Taiwan: A comparison of multiple perspectives. School Psychology International, 32, 227-243.

當你發現跟誰講都沒用，你就會什麼都不說了。所以，能自己一個人的時候，就自己一個人，不要跟大家有太多交集，就不會被欺負了。想想，好像後來整個求學生涯都是這樣吧！好不容易出了社會，運氣不錯，遇到的人都算 nice 的，雖然跟人相處還是有點怕怕的，但比之前好多了。」

心理師：「我能夠想像，好像只要不被大家注意，可能也就不會被欺負了吧！當時你心裡會這麼想，我覺得很合理。不過，是什麼原因，讓你『最近』這段日子，開始想要訓練和鍛鍊呢？」

現在的小偉

小偉：「半年前我換到一個新的工作環境，是個新創公司。大家相處得很融洽，團隊合作也很開心。不過，我心裡還是忍不住擔心，會不會哪一天我工作會出什麼狀況？我會不會哪裡做得不夠好，開始遭到嫌棄？」

心理師：「原來如此。不過，你剛剛說工作氣氛很融洽，團隊合作也很開心，是什麼因素讓你有剛剛那些擔心呢？」

小偉：「就幾個前輩很愛開玩笑啊！剛到新部門自我介紹時，前輩就笑我瘦成這樣，過幾天颱風來了小心不要被吹走。」

心理師：「不知道他們是惡意還是逗著你玩？」

小偉：「我當時想，他們應該是真的覺得我弱不禁風。我於是開始猜想，是不是我不夠 man、不夠有男子氣概？這樣會不會影響到跟其他人相處？」

心理師：「聽起來，這些內心的猜測會不會是過去有人對你說過類似的話？好比欺負過你的人曾說過你不夠 man ？」

小偉：「……」（愣住）

前輩對小偉開玩笑地說：「你看起來好像要被風吹走的樣子啊。」

心理師：「我才剛認識你，也許說這個還太早，但我想分享一點我的推測，你願意和我一起思考嗎？」

小偉：「也好，你說吧。」

心理師：「也許，某部分的你，其實知道這些『現在的前輩』並不是那些以前欺負你的人，但心裡卻有個聲音或畫面，讓你不停地想起過去欺負你的人，包括他們的所言所行、那些嘲笑的表情和語言、那些欺負你的動作。」

小偉：「（若有所思）真的……我有時真的會想到以前國中欺負我的那些同學，但只是一閃而過而已，大概大三、大四時，我就很少夢到他們了，只是白天很偶爾會想到。我從來沒意識到，原來我的心裡還有這些過去的聲音和畫面，我以為這些事情都已經過去了。」

其實一切都沒過去

心理師：「沒關係。很多事情我們以為過去了，或許它們都還在潛意識裡影響著我們。」

小偉：「原來，這就是人家說心裡的『結』的意思嗎？」

心理師：「是啊，不只是這樣，我們面對生活各種情境時的反應，也常跟過去經驗有關。像你現在，工作中已經不太可能會碰到『打架』或『身體上被欺負』的狀況，不過，我們的身體、大腦深處還是不由自主地

想要用『變強壯』的方式，來處理以前需要面對的擔心與焦慮。變強壯的渴望，其實也是來自過去經驗。不過，現在回到現實，我想請你想想的是，這樣的努力有沒有可能是錯誤的方向？」

小偉：「你的意思是，我想變得強壯，這種自我提升的方式可能是錯的嗎？」

心理師：「你問到關鍵了。自我提升這件事是對的……不過，我這樣比喻好了，你受傷的部分是『心力』，這是我們應該處理的方向，但你一直努力的部分反而聚焦在『體力』，這是我剛剛說方向錯誤的意思。」

小偉：「心力？體力？什麼意思？」

心理師：「簡單來說，每個人的『活力』包含三個部分：體力、腦力，還有心力。你想透過運動來提升的這個部分就是體力；腦力指的是我們每天用來處理各式各樣的訊息、思考時會用到的部分，是你上班專心工作時消耗的；心力則是我們面對壓力、情緒時會受到影響的部分。」

小偉：「所以，有時想到要跟人互動，擔心自己不夠 man，過往擔心和焦慮的那些結，是影響到心力？」

心理師：「是的，你剛提到的『擔心』，就是我們需要耗費心力去處理的。」

小偉：「說是這樣說，但我還是不確定爲什麼有時我會很擔

心又焦慮。我真希望這些感覺消失，那麼我就可以
開心過日子了……」

心理師：「許多個案都這樣想。不過，我提供另一種想法，我
們來討論看看。」

小偉：「好。」

小偉心中許多的我

心理師：「很多時候，我們之所以擔心與焦慮，其實是源自內
心，當我們發現『自己沒有達到應該完成的目標』。
也就是『真實的自己』，和『應該的自己』之間有
落差時，就會出現焦慮、擔心的情緒。」

小偉：「喔？」

心理師：「另一種常見的狀況是，當我們發現『真實的自己』
和『心目中理想的自己』之間有很大的落差時，會
容易覺得沮喪、低落，以及憂鬱。」

小偉：「真實的自己、應該的自己、理想的自己……怎麼這
麼多自己？」

心理師：「我們一個一個來說明，你心目中，對於『自己理想
中的樣子』，有沒有一些想像或畫面呢？」

小偉：「理想的自己嗎？我希望可以跟大家相處得很愉快，
在人群之中是有自信，而且受到大家歡迎的！」

心理師：「很有趣，結果我發現你『理想的自己』裡好像沒有

變 man 這個部分呢？」

小偉：「咦，你這麼一說，好像是。但我一直覺得，我應該要更強壯、變 man 一點。不知道什麼時候開始，我就一直這樣跟自我喊話，唯有變得強壯了才不會被欺負。」

心理師：「像這種感受，在心裡面一直有一種被推動，覺得『必須、應該』要成為怎樣的人，但未必是我們心中『真正想要成為』的『理想』模樣，就是『應該我』了。」

小偉：「所以，理想我是『我真的想要變成的樣子』、應該我是我覺得『我應該要成為的樣子』？」

心理師：「你很清楚。我來把你剛才說的東西畫出來，你看了會更加明白。」

心理師：「這個部分，我們叫做『理想我』，就是你剛才說你想要成為的樣子，像是在人群裡是有自信的、想要受歡迎這些部分。這邊呢，我們稱為『應該我』，你的應該我像是：覺得自己應該要變 man、變強壯。」

小偉：「剛剛好像還有講到一個真正的自己？」

心理師：「對，在下面這邊，我們稱為『現實我』，就是你現在實際生活中，不管是面對人群、工作、在家裡等各方面所呈現出來的樣子。理想我和現實我之間的落差 d'，常讓人憂鬱或沮喪，因為你覺得自己沒有達到你真正想成為的樣子。而應該我跟現實我之間

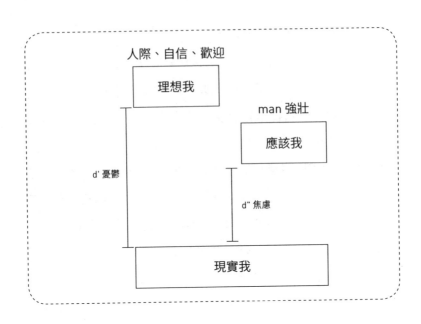

的落差 d"，帶來的通常是焦慮、擔心，因為我們覺
得自己沒有做到他人眼中自己該有的樣子。」

小偉：「原來還可以這樣子看，所以我的問題就是**理想我、
應該我和現實我**之間的落差造成的嗎？」

心理師：「可以這麼理解。除了這三個元素之外，還有一個常
出現的問題，就是我們眼中的『現實我』，有時候
不一定那麼真實。」

小偉：「什麼叫做『現實我』沒那麼真實？心理師你講白話
一點。」

心理師：「好，有時候，我們看到的自己，其實不是現在的自

　認真的你，有好好休息嗎？──平衡三力，找回活力

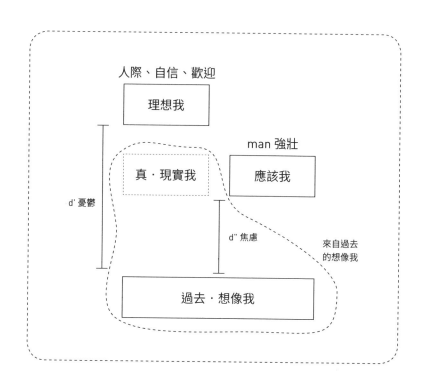

己，而是來自『過去經驗裡的那個自己』。還是回到這張圖，你看，我在這邊圈出了一個『來自過去的想像我』，這一大塊圓圈就遮蔽了『你現在真實的樣子』。」

小偉：「我真正的樣子？」

心理師：「你想想看，真實的你究竟在哪裡呢？雖然還不能說夠認識你，但是根據你和我分享的資訊，目前你在工作場所中跟大家相處其實滿融洽的。事實是，現

在的真實我，好像並不如你自己所想的『那麼不擅長社交』，是吧？」

小偉：「我懂了。」

心理師：「也許，此時你真正的現實我，就姑且稱它『真‧現實我』，被『過去‧想像我』給遮蔽了，所以你才沒有看見自己現在真正的樣子。而且你真正的現實我，也許比你想像的更貼近『理想我』哦，就像我在圖裡標示的『真‧現實我』這樣。」

小偉：「你說的沒錯，其實我理智上也知道，我就是缺乏自信。出社會之後，明明就有很多人鼓勵或誇獎過我。也許在別人眼中，我並沒有如我所想的那麼差，但我還是一直覺得自己不夠好。」

心理師：「是啊，認識自己其實是一件不容易的事。」

✓ 自我差異理論

心理學家希金斯（Edward T. Higgins）提出的自我差異理論（Self-discrepancy theory），界定了每個人心中三種不同的「我」。這裡稍稍簡化，以「自己」心目中的「我」為例：

第一種「**實際我（actual self）**」，也就是心理師和小偉對話中的「現實我」，是你心中認定真實的自己，這也是你最基本的自我概念。

認真的你，有好好休息嗎？——平衡三力，找回活力

第二種「理想我（ideal self）」，是你希望、期待自己可以成為的樣子。

第三種「應該我（ought self）」，是你認為自己有責任或義務成為的樣子。

理想我和應該我，又稱為「自我標準」。當現實我和自我標準之間產生落差，便可能帶來負面的情緒。「理想我」與「現實我」的落差，代表「正向結果的缺乏」，可能帶來失望、憂鬱、沮喪與不滿；「應該我」與「現實我」的落差，代表「負面結果出現」，可能帶來罪惡、自貶與焦慮不安。這樣的落差帶來的情緒，往往會驅使我們做出某些行動，來減少這樣的落差。

進一步說，所謂的「自我標準」，又牽涉到是來自於「自己」或是「他人」。這部分將在下面「鏡子」的比喻有更多的延伸。因此，釐清自我內在的標準為何、從何而來，以及認清自己現實中實際的樣子，是自我認識很重要的起點。

更認識自己的方法

小偉：「我還可以做些什麼更認識『現在的自己』嗎？」

心理師：「好問題，其實我們身邊就有很多很好的幫手喔！」

小偉：「喔，我現在知道心理師應該是滿好的幫手，但還有其他人可以幫我嗎？」

心理師：「其實啊，我們總是透過『別人』看見自己。日常生

活中，與我們互動的每一個人，都像是一面鏡子，可以幫助我們看見一部分的自己。」

小偉：「這個說法我好像有聽過。」

心理師：「是的，我們遇到的每個人都是不同類型的鏡子。你在遊樂場或科博館看過各種不同的鏡子吧！有的哈哈鏡會把你變得矮胖，有的哈哈鏡會把你身材拉得很長，有的哈哈鏡會讓你的整個身體扭曲起來。」

小偉：「對，而且連臉都會歪七扭八。（笑）」

心理師：「透過別人看見的自己，就像是這些哈哈鏡一樣。很多人說，活著很煩，因為身旁的人意見好多，而自己又很難不去在意別人的眼光。當我們仔細一問才發現，他們常常『只』用某些鏡子來認識自己，選擇性地聽從某些人的聲音來認識自己。」

小偉：「嗯，就像我一直記得小時候罵過我的那些同學的聲音吧……」

心理師：「我常想，與其告訴自己『不要在乎他人的眼光』，也許我們可以嘗試的第一步，反而是允許自己找到更多的鏡子！練習從各種不同的鏡子看到自己的各種可能性。先別執著在某幾面鏡子，那樣做的風險是，如果我們照久了，就很容易把從這些少少的鏡子中看到的自己，當作真正的自己。」

小偉：「嗯嗯，就像我先前沒有發現，我在意的那些聲音，

認真的你，有好好休息嗎？——平衡三力，找回活力

好像都不是來自我非常在意的人。」

心理師：「對，有時候我們可能知道這面鏡子呈現出來的並不是真正的我，但就是非常執著，甚至希望有一天，這面鏡子可以反映出不同的樣子，把自己照好看一點。」

小偉：「把力氣都留給了不適合自己的鏡子。」

心理師：「沒錯，你抓到重點了。如果可以找到更多的鏡子，看到許多不同鏡子返照出的自己，我們就有機會把這些資訊累積起來，也比較知道哪些鏡子其實更適合自己。有些鏡子很客觀、有些鏡子好像無論怎樣，映照出來的東西都是壞的，對吧！？」

小偉：「我懂，跟某些人講話，無論如何都容易感覺負面，讓我的心情也跟著 down 下去。」

心理師：「對，鏡子百百種，有些很適合，有些不見得那麼適合。在你生活中，詢問某些人對你的意見時，總會有人給出一些不見得有幫助的回饋，甚至帶來許多負能量。」

小偉：「那什麼鏡子對自己比較有幫助呢？」

心理師：「我的想法是，一面比較適合自己的好鏡子，能夠真實呈現出你現在的缺點，但同時，同時這兩個字很重要喔，也能夠如實地反映出你的優點，不會誇大、也不會扭曲。也許生命中值得經營的友情，

就是那種可以很誠實地給你意見跟回饋、偶爾嗆嗆你，但也不吝於讚美你的朋友。」

小偉：「說得真好，出社會之後，以前比較好的朋友都慢慢失聯了。」

心理師：「對呀，所有的人際關係都是需要經營的。」

小偉：「所以，我的目標就是找到一些中肯的鏡子，多使用它囉？」

心理師：「這是一個起點，不過要看情況，還是有討論空間。比方說，你真的想精進某項專業，真心需要一些建議時，我們可能會刻意去找『嚴厲的鏡子』，但你心中清楚知道那是嚴厲的鏡子，對他說的話，我們可以稍微打個折，不用把所有的話都放大解讀。」

小偉：「你這麼說馬上讓我想到很兇的主管，哈哈。」

心理師：「是的，當你仔細觀察，其實我們周遭就存在著各式各樣的鏡子。你一開始問過，不知道心理諮商可以幫助你什麼，其實，心理師也是一面鏡子，在陪伴你面對人生難題時，我們會盡可能試著扮演一個中性、支持，同時也鼓勵你、挑戰你、提供你新方向的鏡子。」

小偉：「我感受到了，就像剛剛那三個我，以前都沒人跟我說過，但是你讓我看見一些我從來沒看到的部分。」

心理師：「還有啊，如果有時候需要替自己加油打氣，感覺好

一點，我們也可以去找一些『自帶美肌效果』的鏡子啊！」

小偉：「這麼好，還會讓我變帥喔？」

心理師：「就像早餐店阿姨都會跟我們說：『帥哥早安，今天要吃什麼？』我們何不試著把這句話好好放在心裡面，讓自己開心點，這點小快樂其實也是生活裡很重要的調味料啊！」

小偉：「哈哈，難怪我特別喜歡現在是叫我『葛葛』而不是『叔叔』的親戚小孩！」

心理師：「對，小朋友往往是很真誠的鏡子喔！」

小偉：「但心理師我想問，我如果常常去找這些，你剛剛說『自帶美肌效果』的鏡子，我會不會變得太驕傲，太得意忘形啊？」

心理師：「根據我的觀察，會這樣擔心的人，通常都不會變成自己擔心的樣子！某種程度，當你意識到這些鏡子的時候，你就是會比別人更小心謹慎，自然就不可能把自己扭曲到變成很自大。」

小偉：「好，這樣我覺得安心一點了。」

心理師：「嗯嗯，對每個人來說，慢慢學會如何**善用各種鏡子**，真的是很重要的事。」

盤點身邊的「鏡子」

1. 列出平常和你經常互動的人,可以包括家人、同事、朋友、每天見到面的店員等,盡可能列到 20 個,分別為他們編號,從 1 ～ 20。

(1)	(6)	(11)	(16)
(2)	(7)	(12)	(17)
(3)	(8)	(13)	(18)
(4)	(9)	(14)	(19)
(5)	(10)	(15)	(20)

2. 將這些人分別歸類到以下三個範疇,寫下他們的編號。

　　◎嚴厲的鏡子:＿＿＿＿＿＿＿＿＿＿＿＿＿＿＿＿

　　◎中肯的鏡子:＿＿＿＿＿＿＿＿＿＿＿＿＿＿＿＿

　　◎自帶美肌的鏡子:＿＿＿＿＿＿＿＿＿＿＿＿＿＿

3. 現在,想想你可以在什麼時刻使用這些鏡子,為你帶來最大的幫助。

　　◎我可以在＿＿＿＿＿＿＿＿＿＿使用「嚴厲的鏡子」

　　◎我可以在＿＿＿＿＿＿＿＿＿＿使用「中肯的鏡子」

　　◎我可以在＿＿＿＿＿＿＿＿＿＿使用「自帶美肌的鏡子」

認真的你,有好好休息嗎?——平衡三力,找回活力

學會使用各種鏡子之後

小偉：「我同意。所以，當我學會使用各式各樣不同的鏡子之後，我就會變得有自信了嗎？我的意思是，你提到我童年那些情緒的傷口就會好了嗎？」

心理師：「這樣說有點武斷，我會說這是一個開始，但傷口需時多久才會改善、才會好，還要看其他因素。當你理解到一些新觀點，幫你更看見自己之後，身上的傷就可能慢慢開始轉變。但，就像任何傷口一樣，它需要的可能不是一次性敷藥而已，還需要持續的照護與保養。」

小偉：「也是，大傷口不太可能幾天就好的。」

心理師：「沒錯，這也是為什麼諮商會需要進行一陣子的原因。你今天了解了一些新概念，回到家、回到職場、回到日常生活，你開始應用這些概念，你會發現這是一個學習的過程，有時很順利、有時會卡關，這時候心理師就像是你成長路上的教練，繼續陪伴你一起面對新的挑戰。」

小偉：「心理師，我想知道，你覺得我真的有機會改變嗎？」

心理師：「之前你提到『邊緣人』，我當時的想法是，如果你沒特別提出來，你給我的印象是完全不一樣的，更何況你在公司跟同事相處並沒有任何問題啊！」

小偉：「是啦，我其實還是有努力的。」

心理師：「我相信，而且還是『很多的』努力。其實，在你今
　　　　天踏進這裡之前，你就已經在人生中做了很多的努
　　　　力，這一點從你描述你現在的人際關係就是最好見
　　　　證。回到你剛剛的提問，你覺得自己真的有機會改
　　　　變嗎？」

小偉：「我好像早就有一些改變的經驗了⋯⋯」

心理師：「我好感動，因為你的內在已經有一個很棒的力量
　　　　了，它帶著你逐步提升今天的『真・現實我』，我
　　　　相信只要繼續引導、支持這股很棒的力量和資源，
　　　　之後它便能帶著你做出更多更好、更符合你自己理
　　　　想的改變！」

小偉：「好怪，都沒有人跟我說過這些話，害我亂不好意
　　　　思⋯⋯那，我是不是就不用去何教練那邊訓練了
　　　　啊？」

心理師：「雖然心力的部分確實要從『心』處理，不過，『體
　　　　力』本身的鍛鍊，當然有值得投入之處，畢竟人的
　　　　活力包括體力、腦力、心力。我覺得這些也很重
　　　　要，但那畢竟是每個人生命投資的選擇。所以這是
　　　　另一個你可以重新思考的問題，而且，我相信你會
　　　　是帶著清楚的自我認識之後再決定。」

小偉：「也是，不用急著現在決定。」

心理師：「我有些個案也很喜歡透過挑戰自己的方式，磨練

自己的心。不過，他們在挑戰前都會衡量自己的狀況，做足準備、找好教練才上路！」

小偉：「嗯嗯，原來即便在鍛鍊身體的時候，自我認識還是很重要。」

心理師：「沒錯！身心是互相影響的，身體的鍛鍊在人生裡其實也是重要的。如果你繼續到何教練那邊訓練，我想他大概會提起一個叫『**以身練心**』的概念，不過，就等你準備好之後再看看後續怎麼安排吧！」

✓ 以身練心

「以身練心[4]」，是運動心理學裡一個重要觀念。一般而言，「運動心理學」可能讓人聯想到是用「心理學」的概念來提升「運動」表現的一門學問。這確實是內涵之一，然而，把「心理影響運動表現」的方向反過來，透過「運動」或訓練的過程來提升「心理素質」，同樣是運動心理學的重要課題。

舉個簡單的例子：在運動訓練中，每當我們踩穩、深呼吸、閉氣對抗重量時，我們內在的自我就開始對話，可能是自我懷疑的「我做不到」，也可能是自我激勵的「我可以」；無論是哪一種，都會對我們的身心產生全面的影響。當我們一次次在

4　更多資訊可參閱 http://www.monstertraining.com.tw/category/運動心理學

安全的範圍中挑戰自我，當我們一次次克服面對艱難帶來的負面情緒，甚至調整失敗帶來的挫折感受時，我們也開始學會：痛苦是人生的常態。痛是必然的，苦是甘願的；逃避從來就不是辦法，堅持過後才能帶來更大的喜悅。

另一個例子是競技運動：在短短的時間內，用盡全力奮戰，試圖贏得勝利。也許我們已經非常努力了，但總是有對手比我們更加努力——甚至還比我們幸運。這種拚盡全力後的失敗，是人生裡少有的經歷；因而競技運動場其實正是人生的某種縮影：一個人可以在相對安全的場合中，真切體會興衰成敗、人生起落的感受，度過一次次的「虛擬人生」，從而獲得啟發與成長。

因此，我們了解到，運動其實可以是屬於每個人的修煉，這種修煉最大的好處是，我們可以在一生之中持續、規律地進行。進步雖然是緩慢累積的，然而正是因為需要不斷投入，它對人的改變也會是全面而巨大的。身體強壯，心也能跟著強壯，這便是以身練心的基本概念。

小偉：「好，那心理師我們下次約什麼時候再碰面呢？今天的東西我得回去再想想。」

心理師：「下禮拜同一時間，好嗎？」

小偉：「好，今天真的很謝謝你！」

心理師：「不客氣，我們下週見。」

認真的你，有好好休息嗎？——平衡三力，找回活力

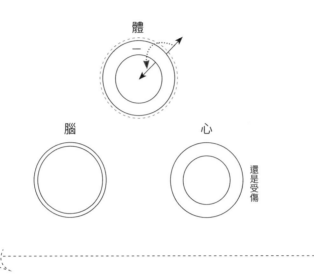

這是進入新公司後，被前輩的話 cue 到的小偉
三力圖

體

腦

心

還是受傷

　　這是進入新公司後，被前輩的話語 cue 到的小偉。他花了很多力氣想要提升體力好讓自己變強壯（圈圈向外擴大），方法錯誤，導致最後受傷，反而讓體力的圈圈縮小了。於此同時，他卻完全沒有觸碰原本真正的問題，也就是有點縮小的心力部分。

心理師的臨床筆記：小偉

現象（WHAT）

　　小偉的外表瘦弱，與人互動感覺態度和善、情緒穩定，思考相當靈活，對於會談中點出的議題，皆能有立即而深刻的反應。也正因為如此，他在一開始會談時，對於自己在運動中超出極限的「不覺察」甚至「不以為意」，反而更突顯了內在的不一致；這樣的不一致，極可能暗示著值得討論的潛在議題。

概念化（WHY）

　　從三力的角度來看，小偉「想要變 man」而接觸運動與重訓，表面看起來是要提升體力，但更重要的反而應該是提升心力──克服他在心中對於自己被看不起甚至被欺負的擔憂與焦慮。這樣的歷程，是一種「代償」，也就是嘗試用其他較可控制的部分，來彌補、提升自己原有不足、控制不佳之處。然而代償的問題在於，原有的不足無法真正得到處理，代償的部分則可能付出代價──以小偉來說，就是不停受傷。

介入（HOW TO）

　　因此，本次會談透過嘗試點出小偉內在的其他議題，藉由他心中三種不同「我」的探索，來提升他對於自我內在的覺

察──小偉對此部分的反應極為明顯。此外，透過區辨出內在不同的自我，協助小偉朝向自我的整合。更重要的是，在這樣的狀況下，鼓勵、肯定他已有的努力與進展，以及轉變。

📖 推薦閱讀

- 《非凡韌性：釋放傷痛，不再偽裝，從逆境中找到更強大的自己》（2019），圓神。
- 《冠軍心理學：天賦不是一切，比賽是一種心理遊戲，影響奪冠的關鍵因素是心理狀態》（2018），久石文化。
- 《沒人懂你怎麼辦？ 不被誤解 ‧ 精確表達 ‧ 贏得信任的心理學溝通技巧》（2017），天下雜誌。

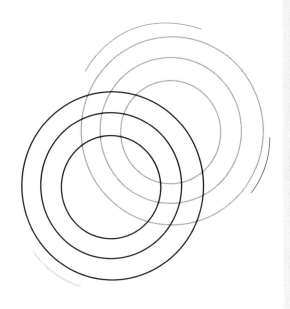

一場
格外清晰的夢

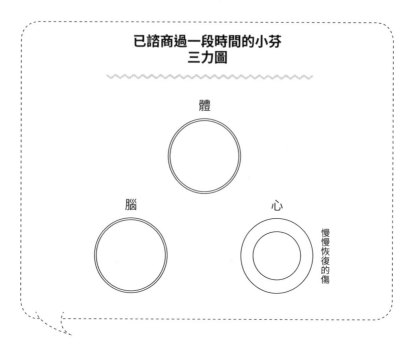

這是已經諮商過一段時間的小芬。她的體力與腦力都沒有什麼狀況，而心力圖中略為縮小的圈圈代表她原本心裡受過的傷。雖然尚未完全，但已經在慢慢恢復中。

小芬，二十九歲。在外人眼中，她獨立、能幹、有條有理、效率驚人，不到三十歲，就已升上部門主管。不過，在感情世界裡，小芬並不如外人所想像的那麼成熟。

回憶過往，從研究所就開始交往的男友，一直是她生活中的重要關係人，兩人都喜愛藝術、電影、音樂、展覽，這些

認真的你，有好好休息嗎？——平衡三力，找回活力

活動串連起許多屬於兩人的美好回憶。在親密關係中，小芬常覺得能夠依賴一個人，是多麼幸福的事情。

半年前，小芬走入諮商室，接受諮商。這段旅程相當辛苦，因為男友劈腿，旁人眼中的穩定交往、論及婚嫁、準備組成家庭的共同體，變成了斷絕往來的兩個陌生人。

所幸，在最感受傷的時刻，她選擇勇敢面對。當時，她規律地接受諮商治療，儘管內心多麼不願意出門，她仍提起沉重步伐，踏進每到必哭的諮商室。

時間是很好的解藥，而諮商更扮演著為解藥加速作用的催化劑。兩、三個月後，小芬踏入諮商室的腳步變輕盈了，慢慢地，她重新理解這段戀情之於自己的意義，開始能夠用不同的觀點去看待這段關係。在朋友的鼓勵下，她展開了新的人際探索。

十一、十二月時，漸趨穩定的小芬已從每週一次會談，調整為二到三週會談一次。年底，我們準備結案之際，小芬在會談室裡顯得格外焦慮。

＊　　＊　　＊

小芬的感情問題

心理師：「嗨，小芬，最近好嗎？忙些什麼呢？」

小芬：「嗨，心理師，感覺好久沒見面了。你記得嗎？我前陣子一直嘗試認識新朋友嗎？」

心理師：「記得，上次妳說要用的 APP 好用嗎？」

小芬：「嗯嗯，我就是要說這個。我遇到幾個還不錯的人，也跟其中幾位出去吃飯、聊天。到目前為止，有兩個人感覺還不錯，想進一步發展看看。」

心理師：「哇，聽起來進展很大呢。」

小芬：「是呀，不過不知道你能不能了解，我很猶豫……」

心理師：「怎麼說？」

小芬：「和照片、文字互動，完全跟『真人』互動是兩回事。儘管這兩個人是我覺得比較有機會深入的，但在跟他們實際見面之後，心中還是有個趕不走的聲音喊著：『不行啊、不 OK 啊……』他們跟我心中理想的對象還是差很……」

心理師：「確實，好多個案都有過類似的感想。辛苦妳了，聽起來妳這幾個月確實花了很多精神在經營新的人際關係。」

小芬：「對呀，要快一點啊，不這樣子做是不行的、得快一點找到才行……」小芬陷入了一種自我喊話的狀態裡。「我一直告訴自己，我要努力走出去，快點找到適合的對象。」

心理師：「你平常也會像剛剛那樣，對自己吶喊，期許自己要更努力一點嗎？」

小芬：「是啊，你看，都快跨年了！」

心理師：「喔？」

小芬：「其實，我一直很希望能夠在跨年之前稍微定下來，但看起來應該還是沒辦法吧！這次跨年，只能跟朋友出去了。」

心理師：「我好奇，以前跨年妳都怎麼度過呢？」

小芬：「這麼特殊的日子，當然都是跟前男友一起過啊！唉，都過去了就別提了。」

心理師：「嗯嗯，難過的往事，但沒關係。」

小芬：「今年呢，我已經決定要跟姐妹們一起去吃頓大餐，天氣好的話可以一起去看煙火。」

心理師：「行程感覺挺充實的，不過，我隱約覺得妳好像還是有點失落？」

小芬：「對，不是有點，是『很失落』。不知道為什麼，我還是很希望能在跨年之前就定下來。每次出去認識新朋友、吃飯、聊天，然後各自回家，你知道我心裡在想什麼嗎？我常常在想，真的還會有適合我的人出現嗎？真的會有理想的對象嗎？我的下一段感情真的會到來嗎？每次愈想就愈沮喪。」

心理師：「原來如此，我看到一個現象是，妳愈來愈能捕捉到內心的『想法』了，這是很好的進步喔！不過，除了妳提到的沮喪之外，今天和妳互動中，我也隱約感覺到一股焦慮，不知道妳最近身體或心裡，還有

沒有什麼煩心、不順或讓妳不舒服的事？」

小芬：「哎，真是逃不過你的法眼。其實，我最近睡得不是
　　　很好。」

心理師：「好，我們來看看妳的睡眠，妳有觀察到什麼嗎？」

小芬的夢

小芬：「最近很常做夢，雖然，大部分的夢都不太記得了，
　　　但有個夢倒是印象非常深刻。」

心理師：「嗯嗯，妳還有印象嗎？也許，我們可以花點時間來
　　　談談這個夢。」

小芬：「有，我記得分手那陣子也很常做夢，那時候你跟我
　　　說，如果覺得某些夢印象深刻，可以在醒來之後趕
　　　快記下來，不然**很快就會忘記**。因為這個夢實在太
　　　清楚了，起床之後我就馬上記在手機裡。」

✔ 很快就會忘記的夢？

　　通常我們剛睡醒時覺得很清晰的夢，沒多久，起來喝個
水、洗把臉之後，立刻就忘記了。為什麼會這樣呢？庫拉克
（David Koulack）與谷因納夫（D. R. Goodenough）兩位學
者[5]，在 1976 年的研究中指出，睡眠過程裡，大腦無法登錄
新的訊息，於是讓它進入長期記憶中。人們在睡覺時難以讓

記憶留存，則與乙醯膽鹼（acetylcholine）和去甲基腎上腺素（noradrenaline）這兩種神經傳遞物質的水平有關。

　　這兩種物質對記憶的保留特別重要，但在睡眠時會大幅減少，因此，即使在夢裡，印象再深刻的夢，關於夢的記憶也難以「固化」下來。如果沒有在睡醒時立即用各種方式記錄，關於夢境的記憶就會馬上消退。有時候，甚至是在我們努力回憶的過程，明明方才還栩栩如生的印象，就可能馬上變模糊了。因此，以後如果發現自己無法記得夢境太久，也不用覺得是記憶力衰退。

心理師：「太棒了，在我心理治療的經驗裡，特別鮮明的夢往往都有些意涵，很值得深入，謝謝妳有備而來。」

　　小芬：「小事，畢竟這個夢我已經跟好多朋友聊過了，但還是聊不出個所以然來。」

心理師：「說來聽聽吧！」

　　小芬：「很討厭，我夢到誰呢？」

心理師：「哎，不會是……」

5　Koulack, D., & Goodenough, D. R.（1976）. Dream recall and dream recall failure: An arousal-retrieval model. Psychological Bulletin, 83（5）, 975-984.

小芬：「沒錯，就是前男友。我跟他一起去某個不知名的小鎮旅行，走到了火車站，就只有一個月台，當時，火車站裡幾乎沒什麼人，沒有旅客、也沒列車長什麼的，就是那種可以自己拿票進出的小站。」

心理師：「有點畫面了，然後呢？」

小芬：「那個時候，我們應該是在等火車吧！我記得他說了一句：『時間快到了。』我們一起在月台上等車，但是，我眼睛卻看到前男友手上拿的票上寫著10：25，可是我的票呢，上面的時間卻是10：78。」

心理師：「10 點 78 分？」

小芬：「對，很怪吧！這時間是怎麼搞的？我巴不得快點把站務人員找出來，弄清楚這到底是怎麼回事。」

心理師：「嗯嗯。」

小芬：「所以夢裡面的我突然好驚慌喔。不過，我驚慌的倒不是我們的火車不是同一時間發車，我驚慌的是，這到底是什麼鬼時間啊？」

心理師：「真的很不合理。」

小芬：「對啊，這個時間真的會有火車嗎？真的會有火車嗎？火車真的會來嗎？然後，我就在莫名其妙的驚慌之中醒過來了。」

心理師：「剛聽到 78 分的時候，不知為什麼，我突然想起哈利波特裡面的九又四分之三月台。」

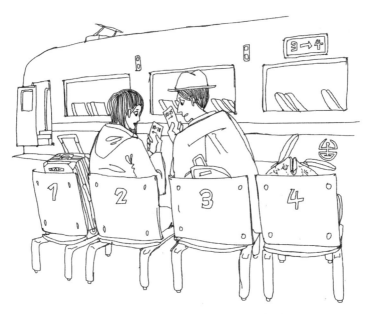

在夢中，小芬夢到：「你的票是 10:25，我的票怎麼是 10:78 ？」

小芬：「哈哈，很奇幻的場景。我朋友還一直笑我是電影
　　　看太多，但這個夢真的很困擾我。一看到這時間我
　　　就傻住了，這張票到底在告訴我什麼？到底什麼時
　　　間，我可以搭上火車呢？一直看著車票，一直想著
　　　這是什麼鬼時間，會有車來嗎？真的會有車來嗎？」
心理師：「這個夢挺有意思的，我想等等可以再多談談。現在
　　　我想先花點時間了解你最近的睡眠狀況。」
小芬：「沒關係，反正這場夢我講過很多遍，記得很清楚
　　　了，哈哈。」

日有所思，夜有所夢

心理師：「妳提到最近的睡眠很不好、夢很多。不過，我記得
妳分手那陣子，來聊了幾次，幾個月之後就沒聽妳
提過類似的狀況。具體來說，睡眠變差、容易多夢
的狀況，是從什麼時候開始的呢？」

小芬：「大概是這兩個禮拜的事。除了夢讓我很困擾之外，
我也想問，聽說『多夢』就表示睡不好，我白天變
得沒精神，這兩者有關係嗎？」

心理師：「好，我們先來聊聊多夢。一般狀況下，遇到比較多
壓力的人，確實容易抱怨比較多夢。」

小芬：「跟壓力有關啊？」

心理師：「是啊，多夢可能主要有兩類原因，一個是，妳的睡
眠中，夢的內容、素材和做夢比例確實變多了，第
二種可能則是，我們『發現』自己做夢的機率變高
了。」

小芬：「啊？這我聽不懂。」

心理師：「沒關係，我來解釋一下。第一種可能是，妳的『夢』
本身真的變多了。為什麼會這樣呢？妳應該聽過一
句話『日有所思，夜有所夢』吧？」

小芬：「有。」

心理師：「站在心理學或睡眠醫學的角度啊，這句話是很合理
的。因為，妳白天想的所有事情，都會變成夢的素

材。我們晚上睡覺時，大腦就會把這些白天發生的事情拿出來整理一番，把需要的資訊留下來、不要的資訊丟掉，所以，夢確實會反映出我們白天的狀況。如果白天發生的事情變多，晚上的夢境與內容就會多了很多的素材。」

小芬：「但我白天都在忙上班而已？」

心理師：「嗯嗯，剛剛會談時，我們聊的東西其實也都是大腦白天在處理的。還記得嗎，妳提到很希望快點找個男友一起跨年、在跟網友碰面時遇到的狀況等等，這些小小的煩惱和焦慮，可能意識上沒特別留意的，也都是大腦默默在工作的內容，換句話說，我們生活裡的壓力源都可能成為夢的素材。」

小芬：「也是啦，這些確實都是我平常會想的事。」

心理師：「嗯嗯，日有所思的『思』變多之後，晚上睡眠時就會有更多素材成為夢。說到這，妳覺得自己最近情緒比較低落嗎？」

小芬：「雖然沒有像之前分手那樣，活得像植物人，但說實在，最近交友的經驗也讓我滿難過的。低落，多少有一點吧。」

心理師：「嗯嗯，原來如此。事實上，低落的情緒也常跟多夢有關。有研究發現，情緒明顯低落的人，像是憂鬱症個案，他們晚上睡覺時，做夢階段的百分比也會

略微增加。」

小芬：「所以，煩惱多、心情差，就容易多夢了。」

心理師：「對，這就是剛剛說的『夢的材料』變多了的意思。一般成年人晚上做夢的時間，大概占了該晚睡眠時間的 20% 左右，因為白天的思考變多了，或是情緒的低落，讓夢的內容、素材或是比例變多，就好像是變成花了 25% 的時間在做夢。其實即使這樣，這個比重也並不是非常明顯的增加，因此妳覺得自己多夢，還有第二種可能，就是妳『發現』自己做夢的機率變高了。」

小芬：「『發現自己做夢』，這是什麼意思？」

心理師：「你有沒有聽過這個說法『我昨天睡得超好，一覺到天亮，都沒做夢』？」

小芬：「有啊，有的時候我也會這樣。不是有種說法，睡得好就不會做夢嗎？」

心理師：「研究指出，人類睡覺時，一定會有做夢的時刻，一般來說，成人整夜睡眠時間裡，差不多有 20% 的時間都在作夢，兒童或是幼兒作夢百分比更高，約有 30% ～ 50%。」

小芬：「奇怪，既然做了夢，為什麼有些人不會發現呢？」

心理師：「我們不知道自己在做夢，是因為沒有在做夢的時候醒來，然後『發現』自己在做夢。所以，妳說妳最

認真的你，有好好休息嗎？——平衡三力，找回活力

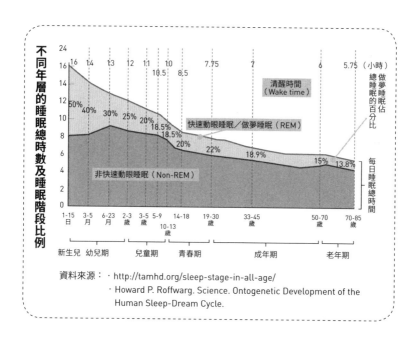

不同年層的睡眠總時數及睡眠階段比例

| 清醒時間（Wake time）|
| 快速動眼睡眠／做夢睡眠（REM）|
| 非快速動眼睡眠（Non-REM）|

24 16｜16 14｜13 12 11 10.5｜10 8.5 7.75 7 6 5.75（小時）總睡眠時間

50% 40% 30% 25% 20% 18.5% 20% 22% 18.9% 15% 13.8%

做夢睡眠的百分比

每日睡眠總時間

1-15日　3-5月　6-23月　2-3歲　3-5歲　5-9歲　10-13歲　14-18歲　19-30歲　33-45歲　50-70歲　70-85歲

新生兒　幼兒期　兒童期　青春期　成年期　老年期

資料來源：· http://tamhd.org/sleep-stage-in-all-age/
· Howard P. Roffwarg. Science. Ontogenetic Development of the
Human Sleep-Dream Cycle.

近夢變多了，可能不是因爲夢的比例增加了，而是因爲妳醒來的次數變多，比較容易剛好在做夢時醒來，發現自己正在做夢。」

小芬：「喔喔，睡眠眞是太有趣了。」

心理師：「所以，原則上，很可能是因爲妳醒來的次數變多，導致妳發現自己做夢的機率變高了。」

小芬：「爲什麼會一直醒來啊？」

心理師：「醒來次數變多，可能是因爲你**不夠累**，可能是因爲壓力大或是比較焦慮等心理因素，當然也有可能是

一些睡眠障礙造成醒來次數變多了。」

小芬：「怎麼會，白天上班很累啊！」

心理師：「哈哈，我相信是的。不過，這部分的累，主要指的
是『體力』的消耗。」

小芬：「喔，我記得了，你說我的工作主要累的是『腦力』
和『心力』吧！」

心理師：「對，體力消耗不夠的話，比較難在白天逐漸累積我
們之前提到的『睡眠需求』。這樣一來，晚上比較
不容易睡得深沉。而常常醒來的結果就是，我們會
主觀覺得自己的夢變得比較多。」

 你累了嗎？夠累才好睡喔！

在睡眠衛生教育中有個重要的觀念，稱為「睡眠需求的恆
定性」。人體中有許多恆定性，例如：心跳的範圍、血壓、血
糖、體溫等。有的恆定範圍很窄，例如體溫，升高攝氏1至1.5
度就會讓人很不舒服；有的恆定範圍寬一些，例如運動時的心
跳，在中高強度下，甚至可以提升85%以上且維持一段時間
（從90下/分鐘提升到165下/分鐘）。

而睡眠的恆定性指的是，我們從清醒以後，逐漸累積的「睡
眠驅力」——一種想睡覺的感覺。這樣的睡眠驅力受到許多不
同賀爾蒙與神經傳導物質的調節影響。這種驅力除了受清醒時

間影響之外，也和我們清醒時間的「活動量」有關。

　　所以，其實有許多習慣，都偷偷地影響著我們的睡眠恆定性。這裡有份清單，如果你勾選很多的話，這些習慣都可能影響自然的睡眠驅力發展，讓你該睡覺的時候「不夠累」，因而讓你當天變得「不好睡」。

☐　早上醒來後會賴床

☐　週末補眠超過兩小時

☐　缺乏規律的運動

☐　白天小睡或躺在床上休息的時間超過一小時

☐　下午三點以後小睡補眠

☐　夜晚躺床時間過長

　　如果白天幾乎都沒什麼活動，午覺又睡比較久，那麼，早上起床後開始累積的睡眠驅力，就會不足，到了晚上，就沒那麼容易入睡了——這其實也是許多退休長輩失眠背後重要的成因之一。

　　因此，要累積足夠的睡眠驅力，最簡單的兩個方式就是「運動」和「避免白日過多補眠／休息／睡眠」，這樣一來，才能好好把睡眠驅力存起來，留到晚上好好入眠。

不自覺的壓力如何影響夢境

小芬：「嗯嗯，我白天的確沒運動。」

心理師：「把這兩個觀點整理一起來看，我猜，影響力比較大的可能是第一點，妳關於夢的素材和比例確實變多了，這大概反映了妳最近的狀態，焦慮、煩惱多了，加上情緒較為低落。而剛剛提到體力耗損不足的第二種狀況呀，我想應該不是這一、兩個禮拜的事，畢竟……妳一直都沒規律運動呀（笑），但是，壓力和焦慮也可能讓晚上醒來次數增加，讓妳發現自己在做夢，所以第二種狀況也是有可能的！總言之，妳所謂的多夢，應該都和近期焦慮和情緒有關。」

小芬：「哎唷，運動不知道是我幾百年來在每年『新年新希望』必定出現的常客了！但心理師你說的是，我最近確實比較焦慮。你不覺得到年底，討厭的節日跟活動就變多了嗎？又是聖誕節又是跨年的，畢竟以前都是跟前男友一起過的，現在走到哪裡、看到什麼，多少還是會想起他。難受是一定的，也就讓我變得浮躁。」

心理師：「我觀察到，快要年底、跨年這個時間點對妳來說，好像帶來了更多的壓力？」

小芬：「有嗎？」

心理師：「嗯，這次諮商剛好是接近年底，對比上回跟妳碰面的感覺，我的推測是，對妳來說，跨年這個時間點一直逼近，妳好像有種『得快點完成什麼』的壓力，

認真的你，有好好休息嗎？——平衡三力，找回活力

就像是一直被特定的時間點追著跑，或是要交出成
績單的感覺？」

小芬：「好像是……」

心理師：「還有，這也讓我想到，妳剛才的夢裡面也有很清楚
的『時間』出現。」

小芬：「你是說 10 點 78 分嗎？」

心理師：「是啊，這個時間太具體了。」

小芬：「真的奇怪！看到前任的時間是 10：25，自己的居然
是 78，當下直覺是怎麼會有這種時間，任何人看到
都會慌張吧！」

心理師：「剛剛聽妳描述，在夢裡妳感覺最強烈的情緒是『驚
慌』。妳覺得這跟妳剛才提到『面對跨年的焦慮』
有點像嗎？」

小芬：「喔，都跟時間有關……」

心理師：「我有個聯想，10 點 78 分，看起來很怪沒錯，不過，
如果我們直接進位，不就是 11 點 18 分嗎？」

小芬：「所以說，其實火車還是會來啊？」

心理師：「可能喔！妳看看，在夢裡讓妳卡住、焦慮的原因，
是這個『怪時間』。但這個原本以為不會發生的時
間，其實只是前一個小時的延長罷了。」

小芬：「看起來很怪的時間，只要跨過去之後，其實還是一
般的時間？」

心理師：「對，跨過去以後，它就只是進到下一個小時，跟平常的時間沒什麼兩樣。」

小芬：「確實沒什麼兩樣呢！夢裡的我好驚慌，完全沒想到這種可能性。」

心理師：「說到跨過去，妳看，跨完年之後，不就是20『18』年了嗎？妳在夢中不停地擔憂『車子會不會來？真的會有火車嗎？』雖然妳擔心的是火車，但它暗喻的會不會是『適合我的對象會不會來』呢？」

小芬：「我懂了。仔細一想，夢裡的心境和現實生活還真有點像。這段時間，我一直把心力放在交友軟體上面，希望多多認識人，花時間聊天、花時間碰面，其實還挺累的。」

心理師：「真心與人談話是真的很耗神沒錯。」

小芬：「哈哈，心理師你是在說現在嗎？要認真地認識不同的人真的好累。對方丟了訊息要回，幾乎每個假日都留給別人。一個、兩個、三個、好多人，認識到一定程度，又覺得好像不是真的適合自己。有時難免要想，天哪，我到底能不能找到適合的對象？還是說，真的會有適合我的對象嗎？」

心理師：「我還觀察到一個點，現實生活中，妳很在意『跨年』這個時間點。在夢裡，妳在意的是 10 點 78 分這個鬼數字，好像也在透露著自己過不去『10 點』那個

地方，於是，時間就變成了 10 點 78 分？」

小芬：「眞的，一想到要跨過這年結束的那天就莫名惶恐，總覺得自己好像沒有完成什麼。」

心理師：「我也常在想，其實『每天』不都是一樣的嗎？至少在物理的角度來看，都是 24 小時。10 點 78 分，一跨過去，就變成 11 點 18 分。當我們用平常心『跨過』那個看似很難跨過去的地方，不管是 1 月 1 日，還是 11 點 18 分，其實來到的，不過就是另外一個『平常的一天』、『平常的一小時』呢！」

小芬：「是啊，也許正是因爲看到對方的車票是 25 分，好像在告訴我，『前男友已經找到他接下來的方向了』，他已經找到了自己的去處，而且是合理的位置——25 分。而我的，卻是 78 分，我到底在幹嘛？這樣一對比，我就更慌了，更急著想在年底前讓自己定下來……」

心理師：「說到這，我想到一個有名的勵志大師，他曾做過一件很有趣、有點嗆的事，給妳參考，也許會提供妳另一種思考角度。」

小芬：「喔？！」

心理師：「在 1 月 21 日這天，他在他的臉書上傳了一部影片，他說：『哈囉，各位，現在是新年過後的三個禮拜。我選擇在今天發佈這部影片，是因爲我知道，超過

九成的你們，在新年當天設下的目標和計畫都已經
失敗了吧！』」

小芬：「哈。有意思！」

心理師：「他上傳這部影片，當然不只是為了嗆大家，他真正
想說的是，對他來說，他從不在意所謂的『新年』
計畫，因為他不想被困在『新年』這兩個字上。他
在影片後面提到：『我從來不擬訂新年計畫，因為當
你很清楚知道你的目標，並持續每一天朝它前進，
適度修正，根本就不需要任何新年計畫啊！』」

小芬：「真的！我們幹嘛被困在『新年』這兩個字上呢！1
月1日跟這一年其他三百六十四天，其實每天都是
一樣的吧！」

心理師：「是啊，如果妳給自己時間，好整以暇地深入認識更
多人，不用急著被『跨年』、『一年要結束』了這
樣的想法給困住，慢慢朝著自己設定好的大方向前
進，有一天，也許不一定是10點，但就算到了11
點、12點，妳的車還是會來的，不是嗎？」

小芬：「啊……我好像比較懂這個夢了。」

心理師：「妳有沒有發現，在夢中，妳其實並不在意『你們』
有沒有搭上同一班車，妳看見他的車票寫著10：
25，妳知道這個時間一到，他就可以搭上自己的
車，離開妳去過他的生活了。」

認真的你，有好好休息嗎？——平衡三力，找回活力

小芬：「確實是，夢裡我好像不是這麼在意我們搭的是不同班次的車。」

心理師：「妳真正在意的是『妳的車』會不會來。就我的觀察，在夢裡妳好像真的『放下他』了呢……妳並不是擔心『為什麼我們沒有在同一班車上』，妳比較在意自己的車會不會來，自己的生活能不能繼續好好過下去。從這個夢的觀點來看，這其實是滿值得恭喜的事呢！因為妳真的放下了，我們之前的努力，好像讓妳跨出了一大步。」

小芬：「我真的沒發現自己確實比較走出來了。只是一直抱著一個想法，就算一個人還是要好好照顧自己。」

心理師：「是啊，當我們回頭才發現，我們已經離開烏雲，而且還往前走了好大一段路。」

小芬：「經過這樣一聊，這個夢突然從『讓我驚慌』的夢，變成了告訴我不少『關於自己』的夢。心理師，你剛剛是怎麼做的？我都沒想過可以這樣去……分析嗎？去分析我的夢？」

心理師：「你聽過《夢的解析》這本書嗎？很久以前的心理學家認為，所有的夢境都有它真正的意義，所以，各種心理學派，或是科學家以及腦神經學者都在努力思考，要如何把它找出來。」

小芬：「有，那本書我在圖書館翻過，但真的看不下去……」

✓ 夢的解析

《夢的解析》（《*Die Traumdeutung*》）是佛洛伊德（Sigmund Freud）的第一本著作。第一版其實出版於 1899 年 11 月，但佛洛伊德將它標示為 1900 年——也就是 20 世紀的開始。這件事也呼應了本篇的一個主題：人們是如此在意所謂的「時間記號」——即使是精神分析的鼻祖也不例外。

夢的解析不僅開創了佛洛伊德的「精神分析」理論，夢也被作者描述為「理解潛意識心理過程的捷徑。」然而這本書的出版相當波折，第一版的六百本，賣了八年還沒有賣完，而且可能因為內容過於複雜晦澀，他又在 1901 年出了一本簡略版《關於夢》（《*On Dreams*》）。後來他又對「夢的解析」修訂了七個版本，尤其是在第三版中大幅增加了許多內容。由此觀之，對潛意識的理解，即使找到了捷徑，仍是相當困難的任務。

《夢的解析》章節內容包括〈有關夢的科學文獻〉、〈釋夢的方法：一個夢例的分析〉、〈夢是欲求的滿足〉、〈夢的偽裝〉、〈夢的材料與來源〉、〈夢的工作〉、〈夢過程的心理學〉等。雖然有人批評本書缺乏科學論證，但就寫作架構而言，確實是有史以來第一本以科學來分析和研究夢的著作。無論內容獲得多少實證研究支持，以科學方式把夢境課題化的立場，這本書的問世開啟了一個新時代。

認真的你，有好好休息嗎？——平衡三力，找回活力

心理師：「哈哈，妳很認眞，這本眞的是很多文青放在書架上，只買不看，也看不完的排行榜書單（笑）。不過，近代研究夢的學者開始提出更多分析夢的策略與方法。比方說，這些學者發現，在我們做夢的時候，負面的事件比較常出現，像是很常見的被追殺、怪物出現、有人死掉或自己死掉等等。」

小芬：「眞的欸，美夢還眞的不常出現，爲什麼會這樣？」

心理師：「所以研究夢的學者有個假設，夢之於人類是具有『療癒』的作用，我們可以把夢當作自己的『夜間治療師』，做夢的時候，夢其實是在處理我們的負面情緒，只是它是不經意地投影在大腦的表層，經我們發現之後，被稱爲夢。」

小芬：「好有趣的比喻，所以做惡夢的時候也許是大腦正幫忙消化我們的壞心情囉？」

心理師：「對啊，這是一種看待夢的立場，如果做夢的時候，大腦其實正偷偷地處理某些讓我們困擾的事，就是我們常說的『潛意識』工作，那麼做夢之後，我們其實也可以透過『意識』的方法，來幫忙消化這些情緒。」

小芬：「就像今天諮商討論的一樣對吧！」

心理師：「沒錯，有位心理學家克拉拉·希爾（Clara E. Hill）曾提出**夢的解析三步驟**：第一個步驟是『探索』，詳

細地把夢境記錄下來，就像你睡起來立刻做的動作。如果夢是一部電影，盡可能詳細描述場景、角色、情節、衝突，也可以幫這部電影取一個電影名稱。」

小芬：「那我這場夢應該叫做……我想想……《跨不過去的11點》！？」

心理師：「有趣！接下來，我們可以整理一下夢裡面的起承轉合，特別是在夢境的不同階段出現哪些感受或情緒，然後，再回過頭來看看這些情緒感受，與最近生活或碰到的困擾有沒有什麼關聯。」

小芬：「嗯嗯，就是我們今天提到的焦慮吧！現實生活和夢裡的我都好焦慮。嗯，應該說驚慌。」

心理師：「妳做得很好，有抓到一點解夢的技巧了。在第二個『洞察』階段，我們可以試著想想看，如果夢境是在向我們傳達某種訊息，那會是什麼？」

小芬：「今天的討論，我感覺夢在告訴我很多事情。」

心理師：「對，這些新的發現就是我們說的洞察。在第三個『行動』階段，我們可以發揮創意想想看，如果夢境可以修改的話，妳想要改變哪些地方？想增加什麼人物？或是調整哪些情節呢？當我們思考這些修改的同時，又反映、對應了哪些生活的訊息呢？」

小芬：「沒想到夢的解析可以這麼有憑有據！」

心理師：「是啊，每個治療學派對夢的看法都不太一樣，所謂

認真的你，有好好休息嗎？——平衡三力，找回活力

的解夢策略更是不同。和佛洛伊德差不多年代的心理學家榮格曾經說過：『其實，夢是一個詩人，他用生動的語言，向我們講述關於心靈的真實故事』。是不是很有意思，每場夢都是一首詩、也是一部電影！」

✅ 科學解夢法

克拉拉・希爾的解夢策略，包含了：（一）探索、（二）洞察、（三）行動，三個步驟。這三個步驟用了心智中三種高階的能力，分別是：（一）類比：抽取象徵、（二）解讀：賦予意義、（三）想像：組合元素。

在探索階段，要將夢境與生活兩個截然不同的東西放在一起，並看出其中的相似或關聯性，因此，需要具備從事物中「抽取象徵」的能力。

在洞察階段，要看穿事物的表面，找出潛藏於下的訊息，因此，需要具有將事物「賦予意義」的能力。

在行動階段，要將事物的結果在心智中改變，因此，需要擁有召喚心中的「元素」，並重新「組合」的能力。

我們可以發現，希爾的解夢方式其實是善用人們的「想像力」。而人們的想像力為何可以解夢呢？我想這是因為基本上，我們能夠想像的情節，仍是我們經歷過、閱聽過、理解過的內容，而不是我們完全未曾理解的全新事物，畢竟，「我們無法想像我們無法想像的事物」。而當我們運用想像力將我們

經歷過、閱聽過、理解過的內容「組織」起來的時候，往往會透露出我們內在的心智歷程與結構。

所以說，希爾的解夢法也可說是一種「逆向工程」呢！

準備好紙、筆放在床邊，下回一醒來（如果還有時間），馬上把記得的夢境寫下來，並開始解夢吧！

小芬：「真的很有趣，這樣一聊，之後我就比較不會再擔心做夢，哈哈，我甚至開始有點期待下次做夢了！」

心理師：「真的，有時候，夢會偷偷說出我們沒有用嘴巴說出口的訊息，好比，我們原本以為自己只是煩惱跨年、有點焦慮，但夢裡的我們其實是驚慌的。」

小芬：「平常的我才不驚慌呢！」

心理師：「正是，因為我們不允許自己驚慌，所以這些情緒只好透過夢替自己找出口了！」

小芬：「好吧，在夜間治療師和日間心理師面前，我真的沒什麼好隱藏的啦……下次如果再做夢，我也來試試看自己解夢！」

心理師：「今天的時間也差不多了，下次碰面前，希望妳能自在地給它跨過去囉！」

小芬：「沒問題，先說聲新年……不，每天都可以快樂啦，下次見！」

認真的你，有好好休息嗎？——平衡三力，找回活力

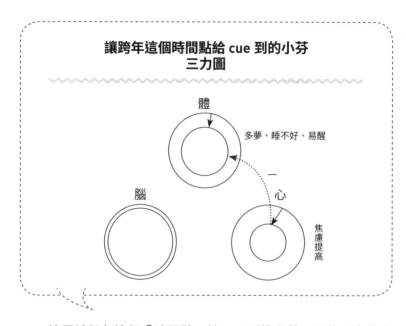

這是讓跨年這個「時間點」給 cue 到的小芬，因為心中焦慮的程度提高了，心力的圈圈變得更小，焦慮的提高也不自覺影響了睡眠，常在一覺醒來後有了多夢的抱怨，也讓體力些許下降。

心理師的臨床筆記：小芬

現象（WHAT）

小芬是個聰慧的女性，外表纖細，打扮合宜，對音樂、藝術的感受性強烈，看似柔弱的外表卻又相當堅毅。在剛失戀

時，她便能主動求助，顯示出內在的開放性與韌性；雖然沒有了男友，卻還有許多好友可以一起陪伴跨年，顯示出良好的人際關係。

在治療中，小芬經常會「自我喊話」，告訴自己「非這樣不行！」。雖然這樣的自我喊話反映了其內在的掙扎——有掙扎才需要喊話；但從另一方面，也反映了小芬對自我目標的了解。從各方面來看，小芬擁有許多自我療癒的內在資源，心理諮商需要的可能只是陪伴，並幫她喚醒內在的力量。

概念化（WHY）

從三力的角度來看，小芬急著要在過年前找到新對象定下來的心情，讓她不自覺變得焦慮，並影響了心力。然而，可能也因為小芬慣常使用的「自我喊話」，掩蓋了她對內在焦慮的覺察，因此，才會透過多夢與夢境的內容來呈現與處理。睡眠不佳與多夢，大致上只是焦慮的副作用。

介入（HOW TO）

因此，本次會談先透過心理教育，談到夢的比例為何會升高，藉以提升小芬對於內在思緒的自我覺察。接著，運用小芬夢境內容中的關鍵要素與情緒，轉化夢境的意義。最後，透過鬆動小芬對於「時間標記」的執著，讓小芬可以朝著清楚的目標持續邁進。

📖 推薦閱讀

● 《重建生命的內在模式：看明白過去的傷，生命就有新的出路》
（2018），天下雜誌。

● 《夢的科學新解析：睡覺很重要，作夢更要緊》（2017），貓頭
鷹。

● 《睡眠學校：揭開睡眠奧祕，為何想要成功快樂，要睡飽一
點？》（2015），三采。

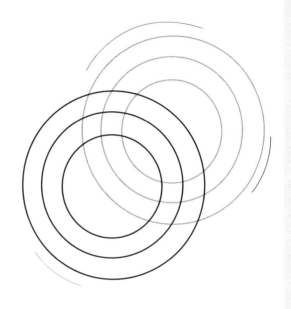

我那從「編輯」變成
「小編」的朋友

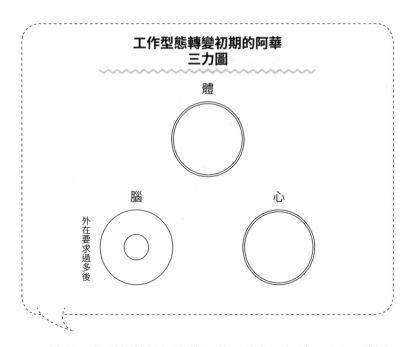

這是工作型態轉變初期的阿華。他在工作時,需要面對愈來愈多不合理的要求,使得他的腦力明顯耗損,因此圈圈縮小了。而在他的體力與心力方面,目前尚無特別的狀況。

阿華是我念大學時的室友,當初以第一志願考上新聞系。前陣子和阿華聯絡上,是因為一篇報導。新聞裡頭的當事人,疑似符合精神疾病的狀況,需要專家從精神醫學、臨床心理的角度提供一些資訊。

因為過去和阿華一起完成過通識課的報告,對當時他的

認真和謹慎印象深刻。因著這樣的信任，也就義不容辭地接受採訪了。

不過，幾天後在網路上看到採訪的文章上線時，真是晴天霹靂！許多資訊的呈現方式都非常不恰當，還被加上了可能會引起讀者誤解的標題。這是第一次自己被「標題殺人法」所害，「身為專業卻提供了這樣的資訊」，一邊想到「**高華德守則**」的我不禁開始想到同行看到之後的反應，於是立刻聯絡阿華。

 高華德守則（Goldwater rule）

1964 年，美國的《事實雜誌》（Fact）調查了一萬多名精神科醫生，詢問他們：「你認為貝利·高華德（Barry Morris Goldwater〔1909-1998〕，當時總統候選人之一）的精神狀態是否適合成為美國總統？」當時約二千多位醫師回覆了這份調查，其中有一千多人認為他的精神狀態並不適合擔任總統。

此事件引發了眾多批評。到底，醫師能否在未經「親自」診斷的狀況下，給出診斷呢？

在之後的選舉中，高華德於選舉中落敗了。他向雜誌社提出告訴，罪名是誹謗言論，案件上訴到最高法院，大法官判定高華德勝訴，獲得七萬五千美元的賠償。

1973 年，美國精神醫學學會（American Psychiatric Association）認為，由於精神科醫師具有大眾不具備之專業知識，公眾很容易相信醫師的權威角色與可信度；因此，對於醫師的言論，應該進行職業道德上的準則規範。於是，「高華德守則」就在這樣的脈絡中形成，指的是「精神科醫生必須親自診斷，並在獲得授權許可之後才可以發表診斷結論，否則即視為違反職業道德。」

在台灣，精神疾病的診斷主要是由精神科醫師處理、臨床心理師協助。在遇到疑似精神疾病狀況相關的社會案件時，時常有新聞媒體邀請專業人員針對特定對象進行評論，甚至隔空給予診斷。站在醫學倫理的角度，這樣的行為都是非常不適當的。

網路時代，許多溝通互動變得更便利，許多民眾期待能透過網路、臉書，或者是其他通訊方式如 LINE，線上與醫療專業溝通。不過，站在倫理、溝通訊息的流失、安全性等顧忌下，醫師、心理師都會婉拒這樣的溝通方式，並建議有擔心的民眾可以直接就診，即是出於類似考量。

在電話那頭，阿華不停地道歉，一邊說著工作的難處。我隱約聽到電話那頭，辦公室裡沒有停下來過的電話聲響。

品質低落的報導

阿華：「欸……上次那個稿子，我真的跟你說對不起啦。時

間實在太趕了，總編一直要我們趕快上線，所以還沒給你校稿，我就丟上去了。」

心理師：「你還敢講，明知……」

阿華：「我知道、我知道，你很在意這樣的文章品質不好，但真的，我們也很苦啦，真的不好意思！這個週末聚聚，吃個飯吧！讓我好好陪個罪！」

* * *

（週末的餐廳裡）

阿華：「話先說在前頭，這次是我的錯，真的要好好賠罪！這頓飯我來請我來請。」

心理師：「好啦，其實說在意，也不是非常，只是『有點』在意，如果依**量尺問句**來評的話，1 到 7 大概是 6 這麼在意而已。」

✓ 量尺問句

量尺問句的概念主要源於「動機式晤談」（motivational interviewing）的理論；同時，這種技巧也廣泛運用在焦點解決短期治療（solution-focused brief therapy，SFBT）之中。

什麼是量尺問句呢？讀者可以這樣理解，透過具體、量化的方式，試著捕捉一個人在某些向度上的強度是多少。譬如，在

中午吃飯時，你可詢問朋友：「從 1 到 7，你現在的飢餓程度是多少呢？1 表示完全不餓，7 表示非常餓」。這就是量尺問句的應用，可以協助你做出更進一步的決策（好比決定要吃多少分量的午餐）。

在諮商情境中，我們比較常詢問的量尺是關於「重要性」與「能力」。舉例，一位正在煩惱職涯規劃的個案，我們會應用這樣的技術引導他思考，職涯發展、收入、成就感、同事關係等等指標對他的重要性。透過這個過程，個案更容易「看清楚」自己內心的想法，進而做出決定。

而能力部分，則可以協助治療師用來評估個案目前的進展程度，好比憂鬱患者，在多次治療後學習了某些特定的技巧，心理師可能會透過量尺問句來了解患者對於這些技巧多有把握，好比：「下次在面對類似的情緒低落時，你覺得自己有多少能力可以面對與處理呢？1 表示完全束手無策，10 表示很有信心能夠處理。」除了透過口語詢問之外，若能將數據「呈現出來」，譬如畫在紙上，這種視覺化的效果也是很好的。

關於更進一步「量尺技巧」的資料，讀者可以參考「動機式晤談」或「焦點解決短期治療」的相關書籍。

阿華：「唉唷，你別再嚇我了！」

心理師：「好啦，看在你要請客，也算是拿出誠意的份上，我

就不再爲難你了。但老實說，最近你們家的文章怎麼越來越像內容農場啊？！有一些很不像以前的品質，以前你們的文章我還會拿給個案參考，裡頭會提到一些眞實研究的資料，現在，我說句比較重一點的話，你不要太在意⋯⋯有一些嘩眾取寵。」

阿華：「唉，你是明眼人。說到這個，也是我最近煩惱的事。以前一個禮拜，只要時間管理好的話，還可以好好寫幾篇文章或報導，現在呢，一天就要生出三篇文章，而且通常都是每天早上看昨天新聞議題哪個夯，才決定今天的主題。」

心理師：「哇，也太速戰速決了吧！」

阿華：「對啊，一開完會我們就要趕快想出內容，說實話，有時候不得不把一些網路上的資料拿來直接修改一下。這跟我以前可以好好寫文章、做編輯的時候差太多⋯⋯**時間真不夠用！**」

這時，阿華的手機螢幕瘋狂跳出 LINE 的通知，他看了一眼，停頓了一下。

嚴格來說，是好多下。

總是沒時間？！

阿華：「啊，剛剛說到哪裡？喔，好多人找我，這還是我這

輩子第一次希望不要再有人找我了，**時間**都不夠用了，沒辦法好好校稿，才會發生這麼多錯誤。」

心理師：「原來！以前那些優質的文章，感覺都是磨一陣子才上線的，現在居然一天要生出三篇！難怪品質會愈來愈……」

阿華：「對，以前還是月刊的時候，公司還會鼓勵我們持續follow（追蹤）某些主題。上網查查資料只是基本功課，很多時候是要出差去訪問不同人，尋求第二甚至第三意見，重要的是好好思考怎樣讓這個主題更完整，即使寫出來的不敢說是 masterpiece（大師之作），至少都是嘔心瀝血之作！」

心理師：「不過，現在你說一天裡面就要寫三個主題……」

阿華：「對啊，很尷尬，有時根本沒**時間**做功課，還得反過來靠採訪專家，直接請他們幫忙提供相關資料，我和很多同事，現在都……可以從訪談的逐字稿裡面直接完成文章了（心虛貌）。」

心理師：「這個能力……」

阿華：「所以我才說很尷尬啊！簡單訪談完之後，找更多資料讓它『看起來』更完整，想辦法把文章拆成兩天、甚至三天份。」

心理師：「一天三篇真的是滿可怕的！」

阿華：「讓你不高興的這篇文章，就是我根本還來不及校

認真的你，有好好休息嗎？——平衡三力，找回活力

稿，截稿的**時間**就到了。文章就自己上線了！」

心理師：「哎唷，以前跟你一起做大報告的時候，你是我們
　　　　　組內最完美主義的耶！以前就算時間再趕，你還是
　　　　　非常重視細節，那個時候我們報告的表現可以那麼
　　　　　好，說真的，你功不可沒。」

　阿華：「哈哈，都快忘記我曾經那麼龜毛而且厲害過了！想
　　　　　到大學時代，說真的，那個時候最多的就是**時間**。
　　　　　為了報告，我們可以宅在圖書館一個下午，翻天覆
　　　　　地找相關素材和資料。」

心理師：「真的，以前大學時偶爾熬夜還覺得浪漫。」

　阿華：「對啊，但現在最缺的就是**時間**了，沒時間找資料，
　　　　　沒**時間**校稿，甚至沒有**時間**管理文章。你知道，上
　　　　　次我太太問我，『你到底什麼時候可以休息啊？』，
　　　　　我居然回答不出來。我已經好一陣子沒能讓自己靜
　　　　　下來，去運動、去看球賽、去爬山……去做一些喜
　　　　　歡做的事。真的沒有**時間**，唉！」

心理師：「好了、好了，八次！！」

　阿華：「什麼八次？」

心理師：「跟時間有關的抱怨啊，從我們開始聊天到現在，這
　　　　　句話重複了至少八次，沒時間、沒時間！」

　阿華：「唉唷，你幹嘛這樣偷觀察我！」

心理師：「沒啦，只是從言談中可以感覺到『沒時間』真的是

你現在很大的焦慮源！我有點好奇，你說的是沒時間，還是沒有完整的時間？」

阿華：「這有差別嗎？」

心理師：「當然，因爲我碰到很多人眞正的問題其實不是沒時間，而是沒有完整的時間。你看喔，今天我們可以見面，這就是時間。」

阿華：「拜託，我要來道歉耶，這很重要，排除萬難也要和你碰面。」

心理師：「是吧，所以這其實就是優先順序的問題了。我很高興你還是把我放在比較優先的位置。」

阿華：「我可不能招惹我們心理一哥啊！」

阿華的工作安排

心理師：「一碼歸一碼……說眞的啦！你工作上沒有完整的時間，但實際具體的狀況是什麼樣子啊？」

阿華：「這該怎麼說……」

心理師：「這樣好了，說說典型的早上，從你進入辦公室開始到中午可以休息之前，中間這三到四個小時通常是怎樣？」

阿華：「這問題問得好，我想想……我只知道我一整天很忙，但是到底在忙什麼呢？」

心理師：「對啊，你可以從起床、出門開始簡單回想一下。」

阿華：「好，現在假設我已經到辦公室了，欸，不對、不對，我還沒進辦公室，我現在在捷運上，這個時候，我就開始工作了，看今天有哪些會議要開，進辦公室之後，我們一定會先開全體會議。」

心理師：「描述一下會議。」

阿華：「全體會議時會決定每一個編輯今天要負責哪些主題，我們還要幫負責不同區塊的編輯發想各自的主題，自己大概會分到兩到三個主題；然後接著討論行政上的事。我通常一邊開會，一邊開始構思自己拿到的幾個主題，要找哪些專家、去哪裡調資料。」

心理師：「看起來很專心。」

阿華：「只是看起來，我發現開會的時候，我其實就在傳LINE找專家了，問他們早上有沒有時間聊一下。說到這，最近幾次我發現，有些專家都不太理我了！」

心理師：「太好了，沒想到有人跟我有一樣的感覺，我不孤獨！」

阿華：「別鬧了啦，我這陣子很常挨罵，因為他們覺得，怎麼這麼短的時間就要他們喬出時間，然後還要提供一堆資料。你看，我是不是得罪不少人了啊？」

心理師：「對啊，包含我，哈哈哈！」

阿華：「好啦，真的抱歉。會議結束之後，我開始跟幾個有意願的專家邀稿，有些會用 email 回信的，就寫

email，有些不回 email 的，就直接跟他們用 LINE、用電話。」

心理師：「難怪我上次聽你們辦公室背景整個都是電話聲……」

阿華：「真的，有夠吵。平常上班時，大腦同時要想專家訪談、問些什麼內容、要約什麼時間，簡單整理想法之後，就要火速行動了，通常都是資料往返的時候，就要同時寫文章了！」

心理師：「哇，你們這種狀態久了，我看心臟真的會出問題啊！」

阿華：「真的，每一刻都跟戰爭一樣！眼睜睜看著文章上線時間逼近，趕快編輯一下，就得送出去了！」

心理師：「網路時代真的是讓戰場 everywhere（無處不是戰場）。」

阿華：「對，文章上線之後要幹嘛你知道嗎？這一步驟也沒輕鬆的，就是看後台。」

心理師：「後台？」

阿華：「對，系統後台會有文章發佈之後的使用者數據，多少人按讚、分享、留言、文章觸及率。」

心理師：「欸，這麼快，都不用醞釀一下喔？」

阿華：「網路數位世代速度這麼快，沒時間好好醞釀啊！然後，就中午了。再來一個會——檢討會議。」

心理師：「檢討剛剛這些數據喔？」

認真的你，有好好休息嗎？——平衡三力，找回活力

阿華：「對，你知道網路平台的演算法一直在改，我們這些做內容的真的是快瘋掉，到現在也找不到什麼規則，只能一直看著數字猜想什麼樣的文章比較受歡迎。有時候我們覺得很讚的文章乏人問津，有時寫得鳥鳥，自己看了都心虛的文章，居然爆紅……」

心理師：「原來如此，聽起來，你們整個產業的工作狀態一直處在『多工處理』的模式裡，沒有辦法好好『深度工作』」。

阿華：「深度工作？我們工作很有深度啊，找資料、分析、寫文章……」

心理師：「嘖嘖，我不是在跟你講那個『深度』，我指的是你的大腦在處理訊息時能夠處理到的深度。」

阿華：「我的腦子還不夠有深度，哈哈！」

心理師：「白話來說，當你同時進行很多不同的工作時，就表示每一件事情只能處理到比較表面、淺薄的內容，這時，就沒有辦法好好思考背後的脈絡，或者，像以前一樣，有時間和腦力，可以正、反、合地深入探討一個議題。」

一再分心的阿華，以及多工與深度工作的差別與做法

此刻，阿華注意力又跑掉了，一邊在看手機，一邊聽我說話。

阿華：「歹勢，你剛說什麼？我沒有聽清楚。你等我一下，有個訊息我先簡單回一下，很快。」

我一邊看著阿華展現「淺薄工作」狀態，一邊笑著。

阿華：「誒，歹勢啦。」

心理師：「你看，就像這樣啊！我剛剛其實只講了幾句話，資訊量不算多，但在一心多用的狀態下，你就沒有辦法完整聽進去。沒聽到，就更別提深入理解，這就表示，你現在已無法深度處理資訊了。」

阿華：「感覺起來，以前卯起來做調查，一心一意那種感覺，比較像是你提到的深度工作？」

心理師：「對！」

阿華：「唉，我現在這麼多事情，我也不知道有沒有時間可以回到之前那種深度工作的狀態。」

心理師：「我先問你一個問題好了，現在這一刻，手機傳來了電話或訊息，你在心中模擬這個情境，然後想想看，剛才那些信息真的非得馬上回覆嗎？」

阿華：「嗯……這訊息的確沒那麼重要，我是不用立即回覆的。」

心理師：「這就對了嘛！來，我們先把手機收起來，讓我們來進行一場深度對話吧。有研究說，對談時，其實只

要桌上『出現手機』，不用響喔，就會影響兩人之間互動的品質。」

阿華：「那我們辦公室不就一堆溝通不良的……欸欸大師，那你來教我幾招，快，深度工作到底要怎麼做？」

心理師：「深度工作其實是一個叫做卡爾‧紐波特（Cal Newport）的博士提出來的概念。我們剛剛在做的這個動作，就是深度工作的第一步。」

阿華：「我們剛剛做了什麼？」

心理師：「剛剛啊，我們已經『看到』，當我們同時處理很多不同的工作內容時，幾乎無法把工作做好。」

阿華：「所以，第一步是打臉？」

心理師：「哈哈，很好的比喻。簡單來說，深度工作實踐的法則之一就是，我們要讓自己刻意控制一段時間，先去除掉多餘的干擾，像是把網路暫時關掉，不開Facebook、不看 LINE、不回覆訊息，也不要注意手機應用程式的通知。讓自己有一段完整的時間，好好專注在眼前，目前最重要的任務上面。」

阿華：「說來好像懂，但有沒有比較具體的步驟啊？直接跟我講吧！」

心理師：「堂堂編輯居然……也跟我要起懶人包了！好吧，今天就一次大放送。」

阿華：「嘿嘿！」

心理師：「第一步，你要先設計出一個不會受到打擾的外在環
　　　　境。舉例來說，像在辦公室啊，你可以告訴同事，
　　　　某段時間是你要專心工作的時段。我們稱為『深度
　　　　工作時間』好了，甚至，你也可以邀請大家一起
　　　　進入深度工作狀態。或者，給同事一些提示，好
　　　　比用一張紙條貼在你辦公桌前面，提醒大家在某段
　　　　時間不要打擾你。如果在開放式的環境帶上耳機或
　　　　耳塞，也可以讓別人清楚知道你正處在專注模式，
　　　　這就是第一步，設計一個可以讓你專心的環境的意
　　　　思。」

阿華：「這個步驟聽起來還做得到，可是真的有效嗎？會不
　　　　會感覺只是做做樣子？」

心理師：「所以第二步就是回到自己身上，調整一下內在的狀
　　　　態。我們通常會建議用幾個小小的儀式或動作，來
　　　　和自己預告：接下來的一段時間，要進行深度工作
　　　　了！」

阿華：「噢，有什麼例子嗎？」

心理師：「比如說，把手機打開來，自覺地開啟飛行模式，自
　　　　覺地設定好你要深度工作的鬧鐘，最後，還是一樣
　　　　自覺地，慢慢戴上耳機告訴自己：『我現在要進入深
　　　　度工作了』，然後把鬧鐘按下去，開始工作。透過
　　　　習慣的幾個儀式，準備好內在心理的狀態。」

　認真的你，有好好休息嗎？──平衡三力，找回活力

阿華：「這招不錯，我改天來試試看。如果可以深度工作個三小時，我的產能一定很驚人！」

適度的工作時間

心理師：「老兄，我聽到三小時也真的是驚嚇到了，有現實感一點啦！你沒有辦法持續專注三小時的！」

阿華：「是喔，因為我已經老了嗎？」

心理師：「跟老不老無關啊，是因為我們的大腦就不是這樣設計的。如果一直沒有限制地使用腦力，就像剛剛你說要深度工作三小時，反而會帶來反效果。」

阿華：「好險，差點就……」

心理師：「真的，我們建議大概每專注工作二十五分鐘，就讓自己休息一下。」

阿華：「欸，這個觀念之前，有個受訪醫師好像有說過，是不是叫做水果時鐘法。」

心理師：「咦，也是水果的一種……正確來說是『番茄時鐘工作法』[6]，二十五分鐘其實不是強制的，而是依據個人狀態調整，要長一點三十分鐘、短一點二十分鐘都沒有關係。」

6　弗朗西斯科‧西里洛（Francesco Cirillo）開發的一種時間整理方法。

阿華：「居然是番茄！」

心理師：「我猜你在跟那位醫師討論的時候，一定在多工。」

阿華：「哈哈……」

心理師：「番茄時鐘法真正重要的概念是，有意識地知道每個人專注工作的腦力是有限的，所以工作一段時間之後，需要好好休息。當初設定二十五分鐘有一個好處，很容易安排時間，工作二十五分鐘、休息五分鐘，一個小時剛好可以工作兩個階段。」

阿華：「我知道了，所以休息的五分鐘，我就是用來處理剛剛工作時，漏掉的那些訊息嗎？」

心理師：「先聽我好好說明，身體的能量可以簡單分成三種：體力、腦力和心力。體力，就是你每天早上醒來以後，為了應付今天的勞動，慢慢地把『充飽的電池』用掉，然後開始感覺疲累，或者是運動完之後的疲勞。這種體力消耗之後，逐漸累積的睡眠驅力，簡單來說就是愛睏，而這個被花掉的東西，就叫做體力。」

阿華：「那腦力是做什麼的？」

心理師：「腦力跟工作更有直接的關連，像是我們剛剛在談深度工作的時候，其實就需要耗費大腦所需的注意力、思考和判斷力。心力則是我們在跟人互動，面對每天各種挑戰時所產生的情緒負擔。」

認真的你，有好好休息嗎？——平衡三力，找回活力

阿華：「感覺這三個力都很重要。」

心理師：「對啊，而且三力的修復方法都不一樣。體力很直接，主要是靠良好睡眠。腦力的休息，通常我們會建議要『轉換』。補充心力最有效的方法，就是靠與人的良性互動，比方說現在。」

阿華：「哈哈！等等，轉換是什麼意思？」

心理師：「在剛剛深度工作之後，腦力用完了，當你要休息時，如果再做這些工作，就不是轉換了。簡單的轉換，比如說，做一些身體活動，或是跟人聊天打屁一下，都算。」

自己嚇自己的阿華

阿華：「所以說，深度工作二十五分鐘、休息五分鐘。這五分鐘要用來好好休息，『轉換』任務。欸不對啊！那我還有很多會議資料、很多人的 LINE、很多信，這樣就都沒時間回覆了啊？這樣可以嗎？」

心理師：「聽起來你滿擔心的？」

阿華：「對啊，這一行訊息傳遞很重要。一有人找我，我都習慣盡快處理。萬一我消失二十五分鐘、三十分鐘，甚至一、兩個小時，這樣會出事吧！」

心理師：「我想想喔，聽起來你內心有一個想法，就是，當有這些訊息、他人找你的需求出現時，你就必須馬上

回應？」

阿華：「等等，這不就是編輯應該要做的事情嗎？」

心理師：「我來猜猜你的心路歷程……所以，你可能會想，
　　　　　『當有訊息來的時候，應該都是很重要的訊息，我
　　　　　必須要趕快回覆啦！如果沒有即時回覆，錯過重要
　　　　　訊息，一定會發生很嚴重的後果。當這些後果出現
　　　　　時，我一定無法好好處理，完蛋了！太可怕了，我
　　　　　無法承受！』是不是像這樣子？」

阿華：「我靠，幾乎都命中了，你怎麼知道這些，還是你也
　　　　做過編輯？」

心理師：「老同學了，我做過什麼你還不知道啊！其實，我剛
　　　　　剛跟你講的這一段，就是我們在心理治療裡常提到的
　　　　　『非理性信念』。這裡頭有幾個關鍵字，不只是你，
　　　　　很多人都有，像是應該、必須、一定、完蛋了等。」

阿華：「什麼非理性？我覺得在媒體業裡面，大多數認識我
　　　　的人都覺得我很理性。」

心理師：「好，這麼說好了，心理學談的『非理性信念』，其
　　　　　實是說，這樣的想法比較容易帶來一些情緒困擾。」

阿華：「這些想法為什麼會帶來情緒困擾？」

心理師：「通常啊，我們的大腦會一直預測嘛，猜未來會發生
　　　　　的事情，有時，某些想法會不知不覺『災難化』未來
　　　　　的狀況，並且覺得自己沒有辦法處理、應付，後果太

認真的你，有好好休息嗎？——平衡三力，找回活力

可怕了。這其實是很多人都會有的非理性的思考。」

阿華：「我以為這樣是未雨綢繆？」

心理師：「對，這其實是『程度問題』。如果這些想法不小心太過自動，變得太過絕對或極端、太過誇大，這時候我們的心情就會受到影響。舉例來說好了，我們剛才講『很可怕的後果』，我示範給你看，你從以前到現在，有沒有真的碰過因為漏接訊息而發生什麼不好的事情？」

阿華：「你是說壞消息嗎？」

心理師：「不是不是，我是指『實際上』你沒接到電話或漏了

這是多工狀態的阿華，他同時還要擔心漏接電話。

LINE 之後，有沒有真的發生過什麼可怕的事情？」

阿華：「你這樣一問，好像還真的沒有發生過可怕且無法收拾的事。」

心理師：「嗯嗯，還想到什麼嗎？」

阿華：「工作時，其實我總是在擔心，是不是有什麼可怕的事情發生。萬一我沒接到電話，那該怎麼辦？」

心理師：「我們來算算看喔……你工作幾年了？如果，從畢業開始做編輯助理算起，應該也好幾年了。先假設，你做了大概十年的工作，就算你一年工作兩百天就好了。」

阿華：「一定超過好嘛！」

心理師：「好，超過也沒關係。再估計一下，一天算你接個二十通電話好了。」

阿華：「一定超過好嗎！」

心理師：「好啦，這也沒關係。計算一下，你工作十年，每年兩百天，每天二十通電話，200×20×10 是多少？」

阿華：「我計算機打開來算一下……4 萬！」

心理師：「四萬！沒錯，實際上，真實生活裡面，到目前為止，你心中最害怕的狀況曾經出現過嗎？」

阿華：「確實沒有……」

心理師：「對，所以你發現了嗎？你一直擔心的是機率極低的事情，這就是我們講的非理性信念。非理性信念時

認真的你，有好好休息嗎？——平衡三力，找回活力

常會誇大一個後果的嚴重性，可是實際上你並沒有真的遇到任何狀況，在這十年來的四萬通電話裡，都沒有發生過。」

阿華：「但是我卻一直擔心它發生，總是想著萬一。」

心理師：「對啊，這是一個划不划算的概念。像是你剛剛吃飯的時候，也一直因為擔心而不停確認信息。這不是對錯的問題，而是值不值得。你這種擔心的狀況，其實在生活中所占的比例，遠大於它實際會發生的機率啊！你的行為，大大高估了壞事的比重啊！」

阿華：「如果用那個什麼來著的，期望值嗎？對，就算它發生過一、兩次，機率也只是四萬分之一、二而已。」

此刻，阿華的電話響起，他顯得有些煩躁，但第一時間就先把手機放著了。

心理師試著提醒阿華不要擔心過度，並觀察自己的非理性想法

心理師：「哈哈，謝謝你現在選擇把專注力留給我。我們剛提到的非理性信念，還有另外一個特色。即使今天，真的發生一些不好的事情了，你真的沒有能力處理嗎？」

阿華：「是不會啦！先前那一些極少數麻煩的事情，到頭來還是都迎刃而解了。」

心理師：「對，非理性信念『發作』的時候，人們往往會低估自己處理問題的能力；加上我們剛剛介紹到，高估壞事發生的幾率，這種思維會占去你人生中的很多時間跟注意力，而且是放在極不成比例的假設上面，所以我們才會叫它非理性。」

阿華：「我摘要一下，你提到兩個關鍵，一個是我高估了壞事發生的可能性，另外一個是我低估了自己的能力。最近漏接電話那一次，後來發現那通電話，是一個主編要提醒我，他發現稿子裡有一些錯字，因為沒找到我，他打給另一位同事。」

心理師：「你當時是怎麼看待那通電話的？」

阿華：「我發現漏接電話時，超級焦慮，心想完蛋了！可能讓主編不開心啊，接下來會不會發生什麼事情？」

心理師：「後來呢？」

阿華：「後來那位同事跟我說了，他們一接到電話就開始幫忙修改稿子了，時間還算充裕。後來我又利用中午吃飯之前，花了一點時間就搞定了。」

心理師：「好像不需要花這麼大的力氣擔心這件事情，其實有時只要『一點點擔心』就夠了，是嗎？」

阿華：「哈，有道理，真的是高估危險性、低估我的能力欸！」

心理師：「所以你想想看，你可以轉變腦中很自動的非理性

想法，把它變成比較合理的想法。合理的意思就是說，這些信息就算沒有立即確認也沒那麼嚴重，而就算今天發生了什麼事情，自己也有能力處理。如此一來，你就可以回頭去實踐我們剛剛說的深度工作了，也比較能放心讓自己有段時間專心，不受打擾地做真正該完成的事情。深度工作之後，你出錯的機率也會變少許多。」

此刻阿華手機再度響起。

阿華：「哎，我這個電話響了兩次，我可以接一下嗎？」

心理師：「……」（沉默注視貌）

阿華：「好啦，你不要這樣看我。」

心理師：「我們就利用這次機會試試看啊！真的不接電話……（電話持續響）你覺得會發生什麼嚴重的後果？」

阿華：「我，我先猜一猜這通電話大概是要幹嘛……看這通電話來源，應該是我下午有一個採訪單位打來的。應該……是要跟我講，可能希望我先準備什麼稿件，或者是有些問題要先跟我確認。」

心理師：「很好，繼續觀察一下很想接起來的感覺。」

阿華：「（深呼吸）所……以……我晚一點接（吞口水），應該也是可以……應該沒那麼急。我只要在出發

前確認一下狀況，過一陣子再回，應該也是可以
的⋯⋯」

心理師：「做得很好，還可以嗎？」（鼓勵的眼神）

阿華：「好吧，那我不接了。嗯！」

心理師：「太棒了！剛剛這一段過程是最難熬的。」

阿華：「那你幫我懶人包一下，下次我自己要怎麼練習
啊？」

心理師：「好，我幫你整理一下你剛才完成的任務。一開始，
有一通電話響起來了，你的腦中很自動地出現以前
常有的『非理性想法』，像是：我是不是要接？這
是不是很重要的事情？我若漏掉了，會不會發生很
嚴重的後果？會不會工作就完蛋了、死定了？」

阿華：「對，有時忙到沒機會想這些，我就接起來了。」

心理師：「對，這種時刻，先讓自己暫停一下，回想一下剛才
我們討論的非理性的念頭。」

阿華：「非理性，對⋯⋯」

心理師：「你想想，這些念頭為什麼是非理性的？因為這可能
低估了自己解決問題的能力，同時，高估了事情的
嚴重性。」

阿華：「這兩個加在一起就感覺很嚴重，但它是非理性的。」

心理師：「對，如果發現念頭不太理性，試試看透過一個比較
理性的想法告訴自己：『其實我可以等一下再回。』」

阿華：「對，我當下馬上就被情緒控制住了，要什麼時間處理、可以怎麼處理，其實還是有變通的空間。」

心理師：「很棒欸，你有慧根。什麼時候考慮轉行？」

阿華：「轉行！？別開玩笑了！不過，看你剛才跟我分享這些資訊的時候，我發現你這幾年來，真是始終如一！」

心理師：「唔，怎麼說？」

阿華：「我想起之前我們大學住宿的時候，我問過你一些感情問題，那時候就跟現在一樣，你耐心幫我分析遇到的問題，帶我找到一些可能的方向。我很好奇，你為什麼可以這樣？感覺你好像滿享受你的工作？」

心理師：「哎呀，其實每個行業都有它的苦處，我也不能說這份工作只有快樂。可是，對我來說能夠一直堅持下去，有一個很重要的原因，就是我相信我在做的這些事情有它的價值。」

用價值觀陪自己找回工作的初衷

阿華：「價值……」

心理師：「對啊，我在做的這些事情跟我心中的**價值觀**是一致的。」

阿華：「嗯……」

心理師：「這樣講突然變得很嚴肅，其實就是在說我們都聽過

的『初衷』啊！老兄，你當初做編輯的初衷是什麼呢？」

阿華：「被你這麼一問，我……」

心理師：「像你剛才講的，現在的工作量太大，大腦在要求過多的情況之下，好像沒有辦法讓你像以前一樣，好好深入追蹤、深入報導，做出你真正想帶給讀者的資訊，也無法回到初衷了。暫時遺忘初衷的你，只好把重心投入對工作的要求上。我想，這可能是你覺得工作辛苦的一個主要原因吧！」

阿華：「都忙到沒時間想這些了，唉！」

心理師：「工作很苦，但如果我們認為自己做的事情是有意義的，就可以從中獲得一些樂趣。」

Checklist ♥ 價值觀

「價值觀」指的是每個人特定的人生裡，自己最在意的一些特質。換個說法，如果人生是一趟旅程的話，價值觀很像是指南針。透過它，我們將更清楚自己的下一步、下一個方向是什麼。在阿華的故事中，他當初投入新聞產業所懷抱的理想，就是他在工作裡的價值觀。每當在工作遭遇迷惘、不順時，價值觀可以作為一種激勵，提醒我們再站起來，並且出發。

在所有心理治療理論中，價值觀在「接納與承諾治療」這個

取向中扮演著特別重要角色。過去的諮商主要著重於「改善、改變負面的特質」，好比讓憂鬱症狀減輕、讓人際困擾減少，比較少提及的是，負面特質不見了之後，那我們應該看見，或者創造出哪些好的特質來讓個案繼續往下走呢？價值觀的理論就是為了呼應這樣的問題而被提出的。

讀者不妨看看下一頁的清單，問問自己，哪些概念或原則對你而言很重要？哪些原則是你希望自己可以遵循的？哪些原則是就算別人永遠不會知道，你仍願意堅持遵守的？

在思考價值觀時，請記得幾個原則：

- 價值觀是因人而異的，我們在意的概念不會都一樣。
- 價值觀與「應該」無關，所以你不用覺得「因為某人這樣說，所以我應該要在意某個價值觀才對」，價值觀與真心選擇有關。

價值觀可能在不同領域出現些微差異，好比：在工作裡你在意的事，和與家人相處時就不太一樣。因此，在思考價值觀時，可以先聚焦在一個生活領域再來選擇（參考選項：工作、家庭生活、感情生活、休閒娛樂、身心健康）。

這是＿＿＿＿＿＿（你的名字）

在思考＿＿＿＿＿＿（領域名稱）時在意的價值觀

例：

● 這是王小明在思考「工作」時在意的價值觀

● 這是王小明在思考「感情」時在意的價值觀

常見價值觀列表[7]

	第一次勾選	第二次勾選
1. 中庸	☐	☐
2. 初心	☐	☐
3. 隨遇而安	☐	☐
4. 正念	☐	☐
5. 幽默	☐	☐
6. 公平正義	☐	☐
7. 勇氣與冒險	☐	☐
8. 好奇心與開放	☐	☐
9. 順從與保守	☐	☐
10. 樂觀與希望	☐	☐
11. 仁慈與慈悲	☐	☐
12. 自我探索與接納	☐	☐
13. 耐心與勤奮	☐	☐
14. 嚴謹與秩序	☐	☐
15. 創意與彈性	☐	☐

7　經同意引用自《練習不壓抑》（2018），蘇益賢，時報出版。

	第一次勾選	第二次勾選
16. 安全感	☐	☐
17. 獨立自主	☐	☐
18. 感恩	☐	☐
19. 負責與被信賴	☐	☐
20. 平等與合作	☐	☐
21. 誠實與真誠	☐	☐
22. 挑戰與成長	☐	☐
23. 宏觀不帶偏見	☐	☐
24. 付出與貢獻	☐	☐
25. 變化與刺激	☐	☐
26. 謙和有禮	☐	☐
27. 激勵與熱情	☐	☐
28. 理性與務實	☐	☐
29. 同理尊重與包容	☐	☐
30. 愛與被愛	☐	☐
31. 內在平靜與簡潔	☐	☐
32. 意義與價值	☐	☐

　　填完之後，你可以瀏覽一下自己在剛剛選擇了幾項。若數量超過五項以上的話，建議你從第一次覺得重要的清單中再次進行評估，試著讓價值觀數量不超過五項。在我們的臨床經驗中，價值觀如果太多的話，就像是一趟旅行有太多景點或目的地，很容易「失焦」。同時，為了顧及各種價值觀，很容易演

變成顧此失彼的狀況。

　　針對這種狀況，讀者可以自問「在接下來這一個月中，哪幾個價值觀是最重要的？」透過讓時間稍微聚焦的方式，重新釐清這陣子最重要的價值觀是哪些。最後，也提醒讀者，價值觀會隨著時間、日子變化而有改變，因此，不妨偶爾重新檢視，甚至重新選擇你在不同人生領域裡的價值觀。

阿　華：「當你這樣一講，我想起當初想當編輯的其中一個初衷，就是希望能好好、完整而深入地採訪有意義的主題。」

心理師：「嗯嗯，還有嗎？」

阿　華：「當然，報導完之後，當然是希望這些主題或資訊，可以直接或間接地幫助到他人。好比，有人透過閱讀這些主題而被打動，在心裡埋下一些小小的種子。在他的真實生活中，就可能因為這些文字，帶給他新的想法，默默地，有朝一日或許就能改變自己或周遭的人。」

心理師：「有沒有發現，其實我們真心想做的事，還真的有點像呢！」

阿　華：「的確。不過，被工作一堆烏煙瘴氣的事煩到沒有時間，我早就忘了我腦海或內心裡有什麼初衷了，只

顧著把文章在時間內趕完，然後去看這些文章有多少人按讚、訂閱、分享啊……」

心理師：「數位時代，工作表淺化真的是太可怕了。」

阿華：「對，工作上跟其他人比較的幾乎都是很表面的東西，沒人管有沒有什麼意義。但今天你這樣一講，我真的感覺清醒了。」

心理師：「是啊，試試看吧，今天提到一些深度工作和挑戰非理性想法的工具，帶回工作試用看看，從現有的工作裡開始一點小小的改變。」

阿華：「嗯嗯！」

心理師：「不過站在好兄弟立場，我必須說，如果長久下來，你發現你剛剛提到這樣工作的現實層面，無法滿足你當初做這件事情的意義，那剛剛提到的轉行，其實也不失為一個選擇。」

阿華：「同意，不過我還是對這個產業抱有一點希望的。我想，我回去之後會先調整目前的工作，看看新工具用了之後，會不會讓自己在工作過程中減少一點壓力，自己能不能比較開心一點。」

心理師：「很好很好。說到這，半個小時又過去了，講得我口都乾了。我再加點飲料，你不介意吧？」

阿華：「當然沒問題啊，服務生，來杯水！」

心理師：「喂！！」

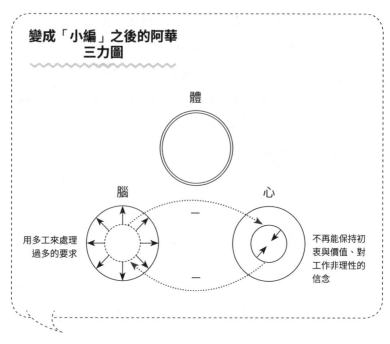

變成「小編」之後的阿華
三力圖

體

腦

心

用多工來處理
過多的要求

不再能保持初
衷與價值、對
工作非理性的
信念

　　這是變成「小編」之後的阿華。長期處在這種狀態下，阿華想要盡可能使用腦力，養成了「多工」的習慣；同時，他對於工作中任何遺漏背後有著許多非理性信念，讓他的焦慮愈來愈強，心力開始耗損。當這些信念持續運作時，他會使用多工方式來工作。多工習慣的產出成果，並不符合阿華原本對工作的初衷與期待，這也使得他的心力再次耗損，最後，在腦力、心力兩造產生了惡性循環。

心理師的臨床筆記：阿華

現象＋概念化（WHAT & WHY）

　　阿華的工作環境因時代改變，促使工作者需大量切換任務、多工、追趕數據，並且造成許多一心多用的狀況，對工作者的腦力造成了明顯的影響。同時，因為阿華也有著類似FOMO（Fear of Missing Out，錯失恐懼）的焦慮，對於沒有「即時接收、處理各種資訊」這件事情，有許多不合理的擔心，如自己「應該」即時處理每個訊息、沒有即時處理就會讓事情變得很「嚴重」、出現「難以收拾」的後果，自己將沒有能力面對等。這些擔心都再次讓阿華陷入一心多用，無法產出高品質成果的窘境。

介入（HOW TO）

　　以此為基礎，在這次聚會焦慮發生的當下，我們鼓勵阿華透過行為實驗的方式，覺察自己慣性焦慮時所出現的非理性信念，並且嘗試將深度工作的概念引入工作中。透過自我認知辯駁的方式，挑戰這些想法，同時持續投入對效率、產能較有幫助的工作方式，這一邊也是在練習暴露於這樣的焦慮之中。假以時日，阿華會發現當這種焦慮再度出現時，他不一定要急著回到過去的工作模式，而能透過調整思考與選擇更適切的行為

來因應。

　　對阿華來說，提醒他自己過去從事這份工作的初衷，也給予阿華勇氣，讓他更願意面對這些焦慮，重新調整工作方式，讓腦力不再過度使用，同時開始增加自己的產出品質，再加上他慢慢找回工作初衷，甚至時時提醒自己保有初衷及價值觀。可預期的是，這些正向的經驗，將促成更多正向回饋，讓他可以逐漸養成新的工作習慣。

📖 推薦閱讀

- 《Deep Work 深度工作力：淺薄時代，個人成功的關鍵能力》（2017），時報出版。
- 《搞定！：工作效率大師教你：事情再多照樣做好的搞定 5 步驟》（2016），商業週刊。
- 《練習不壓抑》（2018），時報出版。

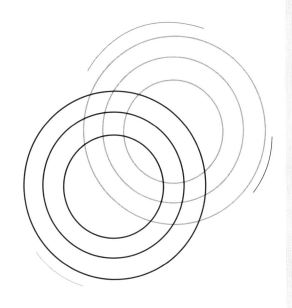

我可沒有把小孩忘在 IKEA 遊戲區喔⋯⋯

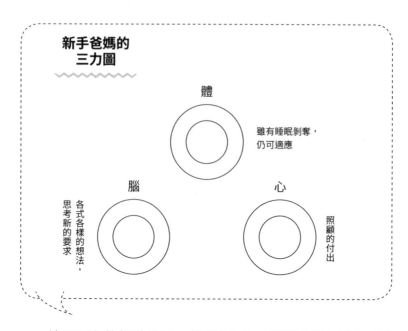

新手爸媽的
三力圖

體
雖有睡眠剝奪，
仍可適應

腦
各式各樣的想法，
思考新的要求

心
照顧的付出

這是現在的新手爸媽。寶寶出生後，新手家長在體力（睡眠被剝奪）、腦力（各式各樣的需求）及心力（幾乎全副心思都在寶寶上）上，多少處於正常消耗狀態。

這天，我和老婆大人一起參加她大學時期好姐妹的聚會。說也奇怪，我印象中，同學會都很難辦成，但老婆和大學好友的堅定情誼，歷經多年始終如一，每一、兩個月總有幾個人能找到機會聚在一起，吃個飯、聊聊天、關心彼此近況（當然，偶爾也是抱怨老公大會），讓我不禁想起常聽聞的，「友情是需要經營的」，實在很有道理。

這類的場合裡，總能看到其他和我一樣安靜的人，沒錯，就是好姊妹們的「老公」。人生這個階段，許多人結婚、有了孩子。有人的小孩剛滿週歲，也有幾個人的孩子才兩、三個月。

多數老公都在一旁安靜吃飯，照顧小孩，偶爾滑滑手機。我則一邊吃著飯，一邊不經意地聽她們聊起媽媽經。

新手媽媽們的糗事

「妳知道嗎？我上次看到一個新聞，真是有夠扯，有個媽媽出國，居然把孩子忘在機場欸！」

「我知道，聽說飛機還為了她特地折返，真是成本太大了。」

「不過，妳們也別罵這麼兇嘛……」

「唉喲，妳怎麼這麼同理人家？」

「因為……我有次換完小孩尿布之後，居然把它拿去冰箱冰起來，後來是我先生發現才拿出來的欸！」

「哈哈，妳太誇張了！我頂多是襪子穿錯而已。」

「我記得有一則新聞報導說，有個媽媽家裡突然冒出濃煙，她一手把孩子抱起來往外逃。後來突然就哭了，不斷地問：『孩子呢？』她先生站在旁邊哭笑不得回說：『在妳手上呀。』」

我聽著這些看似搞笑，實則些許疲憊的教養事，一邊回

憶起剛畢業時參加聚會，大家話題還是圍繞著生活和工作。小孩誕生之後，全世界媽媽注目的焦點都變了，此後出現的話題不是服裝、流行、八卦，而是小孩、小孩、小孩；偶爾則是幫忙照顧小孩的保母或公婆。

「唉，怎麼會這樣，一當媽媽之後，我們的腦袋就開始退化了！該記的容易忘記、或者記得亂七八糟……」

「這該不會是人家說的失智症吧！」

「唉唷，應該沒這麼誇張啦。我猜，一定是因為我們睡眠不足啦！」

聽著聽著，我發現大家開始想要「解釋」這樣的行為，這讓我精神大好，是的，沒錯，我的職業病又犯了。

「說到這，妳看看，這是我先生之前送我的手環，可以偵測睡眠品質的功能，只要連上 APP，可以測試出熟睡和淺眠比例，還可以看你整個晚上睡眠中斷幾次。」

「哇，這麼高科技！」

「欸，妳熟睡才 30% 啊，這樣是不是太低了啊！？」

「對啊，一定是我們睡眠不足，腦袋瓜才會變成這麼不靈光啦。」

「說實在的，小孩出生後，雖然很高興，但壓力也很大，我是第一胎，人家不是說，第一胎照書養嗎？我真的跑去買一堆育兒書來看。」

「妳不孤單，我家也一堆，哈哈。」

「妳家小孩睡眠狀況怎樣啊？我們家這個剛出生一、兩個月，睡眠亂七八糟欸，很怕這樣會不會有什麼影響。」

「我看書上說，新生兒不是應該至少睡十幾個小時嗎？我家那隻都沒睡這麼多，讓我很擔心。」

「妳有沒有給他照太陽光啊？有人說要給孩子看太陽光，睡眠才會正常。」

聽到這邊，我的內心有點按捺不住，不過還是決定按兵不動，聽她們繼續聊下去。

「為了搞定孩子的睡眠，連自己的睡眠也變得亂七八糟了！」

把尿布忘在冰箱了，是在哈囉？

「沒錯，這就是腦袋不靈光的原因！」大家同仇敵愾地，把腦力退化的兇手指向睡眠。這時，我太太居然把球丟到我身上。

　　「誒，老公，你倒是說說話啊，到底嬰兒應該睡多少時間比較好？」

　　「喔，對欸，妳老公不是有什麼睡眠的執照認證嘛？怎麼剛剛都悶不吭聲？」

　　我默默看向逐漸聚焦在我身上的目光，緩緩說著：「大家好，我是專職在睡眠行為醫學的臨床心理師啦，今天可以跟大家分享一下心理師的觀點給大家參考。有沒有誰家的孩子，目前大概兩、三個月大以內？」

　　兩位新手媽媽舉起手來。

＊　＊　＊

嬰兒的睡眠時間

心理師：「好，今天想跟大家分享的第一個資訊是，出生大概
　　　　　兩、三個月大以內的嬰兒，不管他睡得怎樣，請都
　　　　　不用過度擔心。」

🧑‍🦱：「什麼？真假？」果然如預期般的，有人無法接受這
　　　　個資訊。

心理師：「是的，我發現大家把腦力的退化歸因到睡眠。這
　　　　　確實是一個影響我們白天精神、專注力的因素。不

過，還有一個影響力也很大的因素，可能是大家對於當『好父母』的壓力，希望讓孩子按照『完美』的方式過日子。」

🧑‍🦱：「是啦，誰不想當一個一百分的爸媽！」

心理師：「對啊，這種期待真的很常見，不過也真的讓爸媽壓力變得好大。我們在和新手父母工作時發現，大家為了當好爸媽角色都很努力。不過，剛剛說『兩、三個月大以內不用過度擔心睡眠』其實是有科學根據的。」

🧑‍🦱：「真的可以不用擔心，然後隨便睡喔？他想起床就起床、想睡覺就睡覺嗎？」一位太太同學問道。

心理師：「哈哈，隨便睡是比較誇張的用詞啦！應該是說，兩、三個月大以內的嬰兒睡眠作息，不用太拘謹。因為這段期間，實在是不太可能建立秩序的。如果硬要在這段時間讓寶寶的作息完美一百分，反而大人、小孩壓力都很大，因為呀，大家回想一下，嬰兒在媽媽的肚子裡，其實是根本沒有『規律』的。寶寶根本看不到外面的時間變化。再來，和睡眠及日夜節律有關的荷爾蒙，我們稱 **『褪黑激素』**，大

1　為方便閱讀，下文以 🧑‍🦱 圖示表示眾多媽媽之一於當時的發言。

部分的嬰兒是在六週大時，大腦松果體逐漸成熟後才會開始製造、分泌，而且濃度還很低，一般來說要等到十二週左右，也就是三個月時，褪黑激素才會開始穩定。這也代表，新生兒在平均六週前，本來就是不容易分清楚白天或夜晚的，睡眠當然就不可能有秩序的分清楚晝與夜了，約莫要到三個月褪黑激素穩定之後，睡眠才有機會跟著穩定，所以兩、三個月大以內真的不用太擔心喔。再來，剛剛有聽到大家都會比較彼此嬰兒的睡眠狀況，我也提醒大家，三個月以內嬰兒的睡眠因為個別差異很大，就不用太和別人相比啦，像是美國兒科醫學會也有在相關文章中提過，剛出生到三個月大的新生兒睡眠變異性很大，加上相關的研究文章仍不足夠，通常較難給予建議及整理。」

✓ 褪黑激素與生理時鐘

我們都需要按照「外在時鐘」的具體時間來自己提醒該上班、上學了，或是該下班、赴約了。此外，人還有一個內建於身體裡，更重要的「內在時鐘」，告知我們什麼時候該睡覺、什麼時候該清醒，這就是「日夜節律」（Circadian Rhythm），也就是一般所謂的「生理時鐘」。

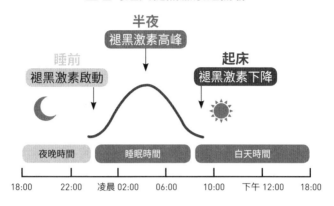

生理時鐘與褪黑激素之關聯

半夜
褪黑激素高峰

睡前
褪黑激素啟動

起床
褪黑激素下降

| 夜晚時間 | 睡眠時間 | 白天時間 |

18:00　　22:00　　凌晨 02:00　　06:00　　10:00　　下午 12:00　　18:00

　　這個和日夜周期有關的生理時鐘，也和睡眠荷爾蒙──「褪黑激素」（melatonin）息息相關，褪黑激素是由腦中松果體生成的一種荷爾蒙，人在入睡前便會開始出現褪黑激素，並在半夜達到高峰，早晨醒來時下降。褪黑激素在體內濃度的曲線，反映出個體的「睡醒循環」，代表著夜晚褪黑激素出現的時間，也就是個體睡眠的時間。

　　：「哇，原來如此，那大人該怎麼辦？也跟著亂睡嗎？」

心理師：「答案是……對！在情況許可的狀況下，大家可以善用育嬰假、留職停薪，在孩子前兩、三個月跟著孩

子的作息過生活。」

:「這種方法我倒是沒想過。」

心理師：「我們的經驗發現，至少前兩、三個月，讓爸媽把『建立規律的魔咒』放掉，會讓很多人比較不焦慮，壓力也小一些。而且，大人跟著嬰兒作息，自己也能睡飽，沒啥負擔。真的不用強迫剛到世上的嬰兒一定要跟著大人作息。」

:「有時候，我發現想快點趁寶寶睡著的時候做點事或者補個眠，那種急著睡著、急著幹嘛，深怕時間不夠的感覺，壓力真的是滿大的。」

心理師：「沒錯，通常就是生活裡的這些壓力，影響到我們的心情。只要壓力大，就更容易忘東忘西了。所以，先放自己一馬，這兩、三個月跟著孩子作息。雖然一開始會很不習慣，不過也不用太擔心睡眠品質，因為身體會有自然的睡眠驅力。很多爸媽後來說，跟著孩子作息有時還是很累，但奇妙的是，睡眠的品質反而提升了！以前睡覺都要花一點時間才能睡著，不過在陪伴嬰兒的這段期間，反而碰到枕頭就……秒睡了。」

:「所以這段期間，在睡眠上不要這麼斤斤計較就對了。」

心理師：「對，不管是大人還是小孩都是。」

認真的你，有好好休息嗎？──平衡三力，找回活力

壓力很大、睡眠品質很不好的新手爸媽

：「不過，你看這個手環，測出我睡眠品質好像不好
　　　　欸，深睡不到一半，這該怎麼辦，會很嚴重嗎？」

心理師：「說到這，我要先提醒一下，其實我們**深睡的比例**本
　　　　來就不高，大概是 13 到 23％ 之間而已喔！所以，
　　　　有些人從這些穿戴式裝置看到淺睡比例這麼高，或
　　　　是得知偵測出深睡怎麼沒有再高一點，希望深睡有
　　　　50％ 以上，就開始擔心自己的睡眠，這樣反而會讓
　　　　心力變得更累喔。」

✔ 整夜睡眠階段的分佈

　　在下頁圖裡，可以看到睡眠過程中有不同的睡眠階段，圖裡
簡單區分為「清醒階段」、「階段一、二的淺眠」、「階段三
的深睡」，還有「做夢睡眠」。從相關研究來看，一般成人的
「深睡」只占 13 ～ 23％ 的比重，「清醒階段」約占 5 ～ 8％，「階
段一、二的淺眠」則占 45 ～ 55％ 約一半的比重，做夢睡眠約
有 20 ～ 25％。此外，我們的睡眠是呈現週期性的波動，通常
會由「階段一、二的淺眠」開始，慢慢進入深一點「階段三的
深睡」，再慢慢轉成淺睡，進入「做夢睡眠」，這一個週期可
能花費 90 至 120 分鐘不等，前、後半夜的週期長度也不一樣，
通常前半夜週期長度比較長，而整體夜間睡眠可能會有四到六

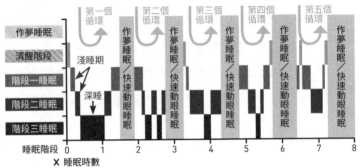

參考資料：Tilley, A. J. & Empson, J. A. C.（1978）. REM sleep and memory consolidation. Biological Psychology, 6（4）, 293-300.

個睡眠週期。

　　然而，到底要熟睡多久才是正常呢？其實睡眠的比例會依照年齡稍有不同，一般成年人來說，若夜間睡眠中有 15 至 20% 左右的熟睡期，都屬正常範圍。若以睡眠八小時來看，深層睡眠的時間落在 72 至 96 分鐘都算正常，要達到 50% 的深睡，或是 4、5 個小時的深睡，就睡眠醫學而言，反而是不太合理的。另外，在睡眠的前半夜會有比較多的深層睡眠，可以讓身體徹底放鬆休息；而在睡眠的後半夜則有比較多的快速動眼期，這個階段則是讓身體進行情緒與記憶的處理。

：「是喔，原來深睡期本來就不多，我還以為整個睡眠過程都要熟睡才是睡得好！」

心理師：「沒錯。臨床研究的發現是這樣看的，而且目前市面上這些穿戴式裝置產品的準確度其實是比較差的，因為這些機器『取樣頻率』不高。醫療上有些取樣頻率很高的儀器，相對準確性就高很多了，當然也就貴許多。短時間內也不會普及到人手一台，再者畢竟是醫療器材，一般人不易取得。如果真的有興趣或者很擔心的話，不如直接到睡眠醫學中心或睡眠專業的治療所和診所安排睡眠檢查比較可靠。」

：「難怪有時候我明明醒了，可是手環都沒偵測到。」

心理師：「對，可能你沒有大動作，它就沒感應到，所以說大家不用因為這些資訊開始嚇自己，這樣白天精神反而會更不好。」

：「沒想到我們一些腦力都被這些『擔心』給吃掉了。」

建立嬰兒作息的時間

：「那我問一下，我家嬰兒最近已經滿三個月了，是不是可以建立作息了啊？」

心理師：「嗯嗯，看嬰兒發展狀況，大概三、四個月開始，可以讓嬰兒慢慢習慣規律的生活。剛剛有人說要讓嬰兒照太陽光，這個方法是有用的。不過，需要提醒

一下，盡可能在固定的時間照會比較有用。此外，大人自己起床時間如果不固定的話，也會很難讓孩子跟著穩定下來。」

:「原來是這樣，我以為是讓孩子白天照照太陽光就好，不用特別管時間點。」

心理師：「時間固定特別重要。最好是在嬰兒三個月大之後，大人和嬰兒試著同步建立規律。具體來說，起床後的日照是一個做法，盡量在白天固定時間接受日照，特別是起床時間，讓孩子理解現在是早上。另外，剛剛說的睡眠荷爾蒙『褪黑激素』，在**照到太陽光之後，會引發大腦連鎖反應而關掉**，代表睡意也會沒了。所以，日照除了提醒現在是白天外，對大腦來說，也有將睡眠循環結束的功能，因此而能啟動我們一天的開始。」

:「原來如此，所以陽光真的很重要呢！」

✓ **陽光與褪黑激素**

根據睡眠研究指出，人們的「內在生理時鐘」大約以二十四個小時又十分鐘不等為一個周期，與外在環境的一天二十四個小時為一個周期，並不同步，這意味著，將兩個時鐘並排時，「內在生理時鐘」的睡覺及清醒周期會規律且持續地向後延遲。

因此，多數人都有「晚睡晚起比早睡早起容易」的生活經驗。

　　雖然如此，人體仍可透過外在環境線索的協助，將節律固定在二十四小時的周期。這些線索包含：固定節律的太陽光線、溫度、社交活動、日常作息、運動、進食及喝水等，其中以太陽光線影響最大。光線經由眼睛的瞳孔，再到眼睛後方的視網膜，再傳送光線訊息到大腦位於下視丘的神經核，再經由神經傳至「松果體」，並啟動大腦後續連鎖反應，像是透過光線提醒大腦及個體：「已經天亮囉，該起來囉！」接下來就會抑制體內褪黑激素的分泌，結束睡眠，啟動一天白天的開始！

心理師：「比方說，嬰兒睡十個小時，如果他晚上九點睡覺，十個小時後是早上七點。大概是在這前後的時間點，就把窗簾拉開，讓光照進來，慢慢叫醒孩子。」

　　　　：「說到這，叫醒嬰兒有時候像打仗一樣，看到他鬼哭神嚎的……」

心理師：「這是有技巧的，想像一下，突然把小孩叫起來，他可能還處在深睡期，這時候被挖醒，我們也會很不舒服啊！這專有名詞叫做『睡眠遲惰』，白話就是『起床氣』。其實不只是小孩，不少大人也都有呢！」

　　　　：「哎唷，有沒有什麼方法可以試啊？」

心理師：「有，你可以先做一些小動作，像是準備要叫他起床

前，先放一些輕音樂，讓他從深深的睡眠狀態逐漸變淺，五分鐘、十分鐘後，再將淺眠的他叫醒。通常這樣做，孩子的起床氣會少很多。」

：「這招不錯！」

：「這個招數感覺也可以用在大人身上欸。我之前看到有人分享『兩段式鬧鐘』，感覺跟剛剛叫孩子起床的方式好像。」

心理師：「對，手機可以設定。在真正起床之前醞釀一下，慢慢從熟睡中輕輕喚醒，通常起床的痛苦就會減少很多。還有，孩子起來之後，可以花點時間跟他互動，窗簾拉開、讓光近來，專心地跟孩子玩個半小時。在這半個小時，孩子接受到足夠的光照，會提醒到他的大腦，光線充足，褪黑激素也抑制得差不多了，小孩就知道現在不需要睡覺了。」

：「原來起床也是小有學問的呀！對了，講到睡眠長度，請問一下新生兒在三個月後到底要**睡多少**呀？」

心理師：「三個月後，我們建議睡眠總量約在十二到十六小時。大部分的嬰兒在一歲之前，白天都會有兩段較明顯的睡眠，可以安排在上午小睡一小時，下午的時間睡一到兩小時的模式，如果小嬰兒還需要其他時間小睡，建議時間要短於半小時，開始慢慢養成主要睡眠還是集中在太陽下山後的夜晚時間。」

兒童青少年每日睡眠時數方針

兒童小睡次數、時間，及總睡眠建議

	小睡次數	小睡總時數	晚上睡眠時數	睡眠總時數（包含小睡）
嬰兒（4-12 個月）	2-3 次	2-3 小時	10-14 小時	12-16 小時
幼兒（1-2 歲）	1-2 次	1-2.5 小時	9-13 小時	11-14 小時
學齡前兒童（3-5 歲）	1 次	1-1.5 小時	9-12 小時	10-13 小時
學齡兒童（6-12 歲）	1 次	0.5 小時	9-11 小時	9-12 小時

資料來源：American Academy of Pediatrics, American Academy of Sleep Medicine

　　不同年齡中最明顯的差異就是睡眠量了，剛出生的新生兒會睡十六小時以上，未滿一歲的小孩一天需要睡十二至十六小時，而國高中生則會減少為八至十小時。另外，美國兒科醫學會（American Academy of Pediatrics，簡稱 AAP）整理出兒童及青少年在不同年齡階段的「每日睡眠時數（包含午睡）」方針：

⑴ 嬰兒（4-12 個月）：建議每日睡眠時數為 12 ～ 16 小時

⑵ 幼兒（1-2 歲）：建議每日睡眠時數為 11 ～ 14 小時

⑶ 學齡前兒童（3-5 歲）：建議每日睡眠時數為 10 ～ 13 小時

⑷ 學齡兒童（6-12 歲）：建議每日睡眠時數為 9 ～ 12 小時

(5) 青少年（13-18 歲）：建議每日睡眠時數為 8～10 小時

　　也得提醒，這些研究及調查指出的睡眠長度，雖然可以當作小孩成長的一個指標。但睡得好，不僅只有「睡眠長度」這項指標，還有睡眠品質及睡眠時間點。所以家長們也不要因為小孩睡覺的時間「沒有睡眠教科書上寫的這麼多」而擔心；若真的擔心的話，還是交給睡眠領域的專家做全面性的評估比較好。

　　　　　：「所以小孩的睡眠也算是一種日出而做、日落而息的原則囉？」

心理師：「大致上是這樣，主要就是今天一直強調的日照，因為掌管大腦睡眠的褪黑激素，在接受日照之後，大概會啟動一個十二到十六小時的暫停。然後，在十六個小時之後才會再次出現，這時孩子就會慢慢想睡覺了。」

　　　　　：「那如果到了晚上，小孩還是不想睡怎麼辦？」

心理師：「這就說來話長了，可以要另外找時間再跟大家分享。今天先分享一個簡單的口訣，就是『由外到內』：要睡覺時，慢慢引導嬰兒從客廳這些開放的空間，慢慢地回到房間。然後是光線從外開始，慢慢地變得愈來愈暗，客廳的燈先調暗，回到房間開

認真的你，有好好休息嗎？——平衡三力，找回活力

個小夜燈後，再把窗簾關起來。」

👩：「『由外而內』這樣，我趕快來群組跟其他媽媽分享。」

👩：「眞是很謝謝你老公欸，剛剛聽到寶寶的睡眠在前兩、三個月可以不用這麼緊張之後，我眞的是鬆了一口氣！」

👩：「說到這，我發現我當媽媽這麼緊張，其實是因爲我公婆比我還緊張，如果有什麼規則沒有遵照，他們就在那邊念念念。」

👩：「人多嘴雜，有時腦袋眞的都要分裂了，不知道要聽誰的。婆婆說一套、書上說一套、鄰居又說一套⋯⋯」

👩：「唉，媽媽難爲啦！」

👩：「好啦，大家回去跟妳公婆說，這些說法可是心理師說的喔！」

心理師：「今天跟大家講的，是我們臨床上研究出來的共識，基本上適用於大部分的孩子與家庭。不過，如果大家發現孩子的睡眠還是一直不太好，明顯影響到孩子的身心健康的話，還是要跟睡眠專科醫師、小兒科醫師、兒童心智科醫師，或者臨床心理師約時間，來個別的諮詢、深入討論。」

👩：「對啦，還是聽一些有科學根據的話比較有保障！」

聽著大夥開始互相取經，我突然發現，支持這個團體繼續下去的，就是這樣彼此支持、鼓勵兼漏氣的時刻。發現大家彼此遭遇類似的處境，互相提供嘗試過、還不錯的方法確實很有幫助。難怪就算再忙，大家也都會盡力空出時間定期聚聚。

心理師：「是啊，科學資訊還是稍微經得起驗證，但大家在應用這些觀念的時候，也要保持彈性，不用死死遵守，更別因為哪天忘記、沒遵守就太過自責什麼的。」

：「大方向抓到之後，小方向要保有調整的空間。」

放下一百分的焦慮

心理師：「對，放下『**一百分**』的焦慮，這樣一來，我們的心力鬆了一口氣，體力就讓身體的節奏去調適。當心力一放鬆，體力得到足夠的修復，腦力就不太會受太大影響，就不會這麼脫線了。」

一百分爸媽症候群

　　每個爸媽都希望孩子能夠平安成長，然而有時候因為自身過多的期待，反而會帶來不必要的壓力。看一看「一百分爸媽」清單中，你／妳有幾項？如果太多，最好試著開始調整，或找人討論，才能幫助自己與孩子釋放不必要的壓力喔！

- [ ] 生活中出現一些當新手爸媽前不曾有過的失誤
- [ ] 常覺得睡眠不足
- [ ] 原先得心應手的工作或是生活大小事都變得吃重
- [ ] 體力在當新手爸媽後下滑許多
- [ ] 經常過度焦慮小孩的生長及發育,不斷上網查相關資訊
- [ ] 覺得自己常忘東忘西,記憶力不如從前
- [ ] 總覺得自己不是夠好的新手爸媽,也希望好還要更好
- [ ] 如果另一半在照顧小孩上失職,自己會非常生氣
- [ ] 愛小孩大於愛另一半,也大於愛自己

👤：「孩子剛出生那陣子,我一直忘記我變成『媽媽』了!有次跟我老公去逛家具店,店裡很貼心的有孩子托嬰的服務,我們好久沒有兩人時光了,好享受喔!一直逛、一直逛,最後很自動地就走去停車場了……好險最後有記得把孩子接回來。」

👤：「是新莊那家嗎?我記得托嬰遊樂區那邊,門口有寫個大大的標語說:『請記得將您的孩子帶走!』」

👤：「對啦,沒想到這句標語是千真萬確的提醒,哈哈!」

心理師：「嗯嗯,夫妻偶爾重溫兩人時光,把小孩託給親朋好友幫忙照顧個半天,也是很好的休息方法呢!」

😐：「真的，老公有聽到嗎？」在後頭的一位先生聽到後，頭震了一下，原來睡著了。

　　😐：「居然跟孩子一起給我睡著……」

心理師：「有位叫做溫尼考特（Donald Woods Winnicott）的心理學家，他在研究很多對母子互動之後發現，孩子需要的其實不是『完美』的媽媽，而是『夠好』的媽媽。」

　　😐：「夠好，什麼意思啊？」

心理師：「夠好就是指，不用做到一百分，只要剛好、足夠好就可以了。」

　　😐：「喔喔，這句話也來跟我那個群組媽媽講一下。」

心理師：「事實上，一百分的媽媽可能會對孩子產生負面影響。從孩子的發展觀點來看，剛出生時，我們需要百分之百配合他的需求，要吃就吃、要睡就睡。可是，隨著孩子慢慢長大，媽媽要開始練習『失職』，孩子才會成長呢！」

　　😐：「失職！？什麼意思啊？」

心理師：「失職只是一個比喻，意思是照顧者要慢慢降低配合孩子的程度，這種適當、循序漸進的教養方式，反而有助於孩子慢慢適應『外面的』世界，而不會固著在『我是老大』的想法裡。」

　　😐：「真有道理！」大家異口同聲的說。

認真的你，有好好休息嗎？——平衡三力，找回活力

心理師：「對，只要夠好就好了，不管是對自己、還是對教養。有句歌詞說，『天下的媽媽都是一樣的』，我們都是這輩子第一次成為母親，偶爾會犯錯、偶爾做得很好，其實每個媽媽都一樣，都是這樣走過來的。」

👩：「沒錯，我們做媽媽的人，應該再練習對自己好一點！」

👩：「媽媽也是人，也會犯錯，不管是尿布放冰箱、還是今天忘記早點叫孩子起床，偶爾犯錯，不用在心裡給自己更多壓力。」

👩：「你會犯錯，我也會，但我們都一樣，我們都很愛孩子。」

👩：「哇，今天的聚餐怎麼這麼感人，充滿正能量～」

👩：「而且還收穫滿滿，妳下次吃飯記得要繼續帶妳老公來喔！」

👩：「哈哈，好，沒問題！」太太笑著看著我說著。

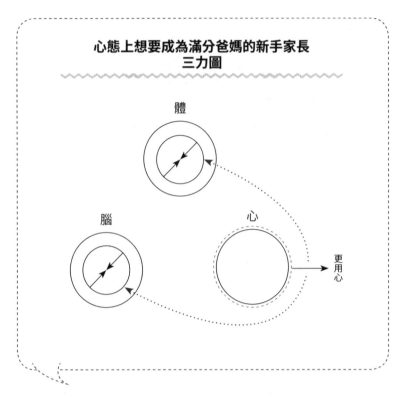

這是心態上想要成為滿分爸媽的新手家長。新手家長們想要當一百分的爸媽，其實是在讓自己的心力一直勉強撐著，甚至往外過度延伸，像是快要撐破的氣球。然而，這樣的過度努力也會讓體力與腦力受到更多消耗與連帶影響，如：體力不如從前，記憶力下降等。

認真的你，有好好休息嗎？——平衡三力，找回活力

心理師的臨床筆記：當代父母

現象（WHAT）

　　每一個爸媽幾乎都是打從心裡要給小孩更多更多，但在這些更多的背後，是一直過度使用著「心力」，常要付出加倍的時間，也消耗更多「體力」，時常要要求自己更多，也消耗更多的思考與注意力，因而影響了「腦力」；再來，帶小孩一定無法凡事完美，也因此湧現更多的擔心、焦慮，以及覺得自己不夠好，又再一次消耗家長們的內在「心力」。

概念化（WHY）

　　想要成為一百分的爸媽會覺得，這些更多是應該的，也就忘了自己的心力一直過度使用且耗損著，勉強地告訴自己要「撐住」，甚至把矛頭指向錯誤的地方，例如：誤會是自己睡眠不足了，才導致體能下滑、記憶力及腦力下降等。這是一種常見的「搞錯方向」因應模式。

介入（HOW TO）

　　針對新生兒父母，不光是讓自己睡夠就好了，更要調整一下心境，放下對自己「一百分」的要求，偶爾失職一下也無妨，把責任交給隊友們，或是允許自己可以犯錯。提醒自己當

一個「夠好的」媽媽爸爸，而不是一百分的完美爸媽。再來，三不五時和朋友聚聚聊聊，轉換心境，透過人際互動，都可以讓自己的心力有機會放鬆下來。如此一來，也讓體力與腦力逐步得到恢復，才是最根本的方式。

📖 推薦閱讀

● 《父母的第二次轉大人：放下「好爸媽」的偶像包袱！》（2019），麥田。

● 《明太子小姐手忙腳亂育嬰記：認真的 100 分媽媽之外，你還有更多選擇》（2019），台灣東販。

● 《心理師爸爸的心手育嬰筆記》（2016），新手父母。

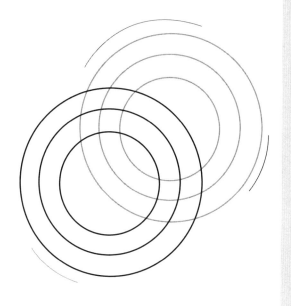

退休後的人生？

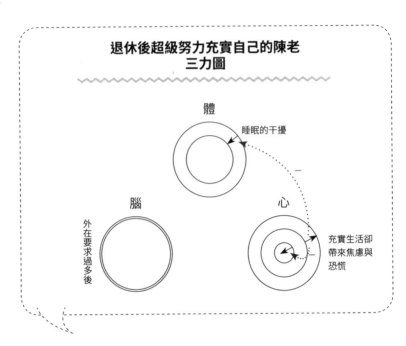

這是努力過著退休新生活的陳老，原本期待充實的生活，卻因為恐慌發作變得焦慮，心力也開始耗損。這種無法控制的狀態，和他過去職場生活很不一樣。為了應付這種失控感，他嘗試更用力地控制睡眠，然而這種控制行為卻回過頭來干擾了睡眠，讓體力修復遭遇更大阻礙。

　　陳先生是私營企業的高級主管，今年年初退休。退休前，陳先生在職場上叱吒風雲，時常日夜顛倒、瘋狂加班，所幸養就了運動習慣，身體還算健康。

退休之後，陳先生深知過去的工作模式讓身體太操勞，開始把養生當作退休後的「任務」。

　　退休至今，陳先生生活作息規律、固定運動，在飲食上也極度重視。可以說，他試著成為模範的健康退休人士。

　　然而，一個月前，他開始感受到莫名的心悸、恐慌、頭暈，有時候還伴隨著喘不過氣的感覺。在症狀出現的隔天，他前往醫院檢查身體，包括心臟科、腦神經內科、新陳代謝科、呼吸胸腔科，連最高階的自費健檢也都做了。

　　讓他意外的是，所有檢查出來的結果都顯示「沒有問題」。後來，他被轉介到身心科，在精神科醫師的診斷後，確認了**恐慌症**的診斷。醫師門診評估後，除了開立必要的處方藥物之外，也建議他：「陳董，你要不要考慮跟臨床心理師談一談呢？我們這邊有合作的心理師，很專業，也處理過很多像你這種狀況的個案」。

✔️ 恐慌症

　　恐慌症（Panic Disorder）屬於焦慮性疾患的一種，根據精神疾病統計與診斷手冊第五版（DSM-5），「恐慌發作」指的是當事人突然感受到強烈的恐懼或不適，這種不適的感覺主要與身體感受有明顯關聯，症狀會在幾分鐘之內達到高峰。常見的身體不適感可能呈現的方式如：

- 心悸、心臟怦怦跳，或心跳加快。

- 身體流汗、盜汗。

- 發抖或顫慄。

- 呼吸變得短促或覺得喘不過氣。

- 梗塞感。

- 胸口疼痛或不適。

- 覺得噁心或腹部不適。

- 感覺頭暈、步伐不穩、頭昏或有快要暈倒的感覺。

- 冷顫或發熱的感覺。

- 身體有異常感覺，如麻木或刺痛感。

- 失現實感，強烈感覺不真實。

- 失去自我感，覺得自己「心」和「身」是脫離的。

- 害怕失去控制，或覺得自己快要瘋了。

- 害怕自己即將死亡。

　　上述症狀出現後，時常會讓當事人覺得是心臟出了問題，因而前往心臟科就診；或者，在症狀出現的當下掛急診。不過，檢查結果往往沒有器質性的病因（也就是，心臟等器官本身是沒有問題的）。如故事中的陳先生，正呈現出類似的狀況。

　　大約每一百個人中，就有一到五個人可能在這輩子中出現恐慌發作，女性比起男性患病的機率高出二到三倍，最常發作的年紀約莫是成人前期（十五至二十五歲）與成人後期（四十五

至五十四歲）之間。

除了藥物治療之外，心理治療對恐慌症也是很有幫助的。恐慌症常常出現在特定個性的人身上，如神經敏感、凡事要求完美、好勝心強；此外，長期生活中有壓力者，也是恐慌症的高危險群。

由於恐慌症症狀發作過一次之後，很容易對當事人造成鮮明的印象，使得當事人往後會非常害怕再次遇到。這種稱為「預期性焦慮」的特質，其實更增加了恐慌症再次發作的機會。這些不管是情緒特質、反應與因應策略、個性模式等，都是心理治療可以協助當事人一起討論、了解與改變的方向。

於是陳先生來到我們的會談室，這是他第三次的會談。

* * *

陳先生的健康狀況與焦慮問題

陳先生：「心理師，你看這是我的血壓表，我每天都有好好測量。」

心理師：「陳先生，您真的是很努力在維持身體的健康呢！上次我們介紹的放鬆練習，你做得還習慣嗎？」

陳先生：「說到這，我就有問題了，心理師啊，你教我的放鬆訓練，我每天都認真做，感覺是有放鬆啦，至少血

壓好像有降下來。」

心理師：「最讓你困擾的恐慌，還有再發生嗎？」

陳先生：「恐慌是沒有再發作了。不過這陣子，還是有股怪怪的感覺，說不太上來。」

心理師：「有沒有什麼具體的例子呢？」

陳先生：「上禮拜假日，我去日本找女兒，上飛機前，我就一直在想：這次飛行會不會遇到亂流？我的恐慌症會不會就在飛機上發作了？」

心理師：「後來呢？」

陳先生：「我逼自己冷靜，後來還是順利飛到日本去看女兒了。但偶爾還是會覺得身體有點緊張、痠痛，比較容易胡思亂想。」

心理師：「聽起來雖然恐慌的症狀改善了，但你的身體還是有些焦慮的症狀囉？」

陳先生：「對，另外最近讓我最煩惱的事情，就是睡覺了！」

心理師：「喔，怎麼說呢？」

陳先生：「最近不管是白天還是晚上，我一直擔心自己睡眠狀況變差，我懷疑我有嚴重的失眠！」

心理師：「一樣，我想知道關於你的煩惱，有沒有什麼具體的例子呢？」

陳先生：「前陣子，我幫自己設定了一個目標，就是每天晚上十一點以前睡著。但我一直在想，會不會是因為我

認真的你，有好好休息嗎？──平衡三力，找回活力

去了一趟日本，有一個小時的時差，讓我這陣子的努力完全破功了。」

心理師：「原來你幫自己安排了這樣的目標啊！」

陳先生：「對啊，白天我會想，完了，昨晚沒有十一點前睡，會不會影響到身體的狀況。每當我一想到這個就開始緊張了，會不會焦慮就是這樣跑出來的？」

心理師：「我記得你以前因為公司業務需要，還滿常出國的。剛剛提到十一點前睡著，也是你以前的習慣嗎？」

陳先生：「以前真的很常出差，有些地方時差還不只一個小時。不過出差那幾天往往很忙，所以真的下榻到飯店之後，其實沒多久就倒頭睡著了，從來沒有在意過幾點入睡。」

心理師：「是啊，我很好奇，十一點一定要睡的這個安排，是不是恐慌發作之後，你才『規定』自己要遵守的？」

陳先生：「欸，你這樣說好像沒錯。我想說，就是因為恐慌發作，身體出問題了，才一定要更努力把身體照顧好。」

心理師：「聽起來，你想要用這個方式來幫助自己，一方面是維持身體健康，一方面是希望減少恐慌的感覺。」

陳先生：「做多少算多少。我告訴你，我的目標不只是十一點睡而已，還有，每天都要睡滿七個小時。早上六點起來以後，到外頭去運動，散散步、曬曬太陽。」

心理師：「原來目標不只有入睡，還包含起床時間！不知道你有沒有發現一個狀況？自從你規定自己每天十一點前一定要睡著、每天一定要睡滿七小時之後。假設遇到一些狀況，譬如去了趟日本回來之後，當天睡眠不太符合這樣的狀況，你會覺得比較焦慮，還是比較放鬆呢？」

陳先生：「當然是焦慮啊，破功之後，我就會開始想很多。」

心理師：「是啊，變得更焦慮了，對不對？可是，你回想一下，在你退休之前，你其實沒有幫自己設下這些規則，有時你比較晚一點睡，又或者睡得少一點，以前的你會怎麼看待自己那時的作息呢？」

陳先生：「以前的我會想說，應該沒關係啊，反正週末還可以多睡一點嘛！」

心理師：「對，過去的你其實不會像現在這麼焦慮。我發現你用來幫助自己維持健康的某些方式，好像反而不小心帶來更多的焦慮了。」

陳先生：「但心理師，我聽過中醫的一種理論說，氣血循環會在不同時辰運行到不同器官，所以晚上十一點以前一定要睡覺，才能好好養身不是嗎？」

心理師：「這個說法很多個案都提過，我先提供幾個觀點，我們一起激盪一下。首先，身體是怎麼知道『十一點』已經到了呢？」

陳先生：「咦，我以為身體自己就會知道了。」

心理師：「我曾經跟中醫師朋友聊過，發現中醫對這部分的看法其實是很『個別化』的。也就是說，你走到肝、膽經的時間，跟我走到肝、膽經的時間，其實不會完全一樣，因為我們的身體其實不會『對錶』呀！」

陳先生：「好像有點道理。」

心理師：「另外，你看以前的中醫理論是奠基在過去的時代。以前的人生活確實比較規律，農耕時代，幾乎都是日出而作、日落而息。所以，這套理論在當時確實是適用的，因為那時的人都差不多在十一點之前就睡，而 11 點也就是早期中醫經絡中的『子時』走到所謂的膽經，是最適合入睡的時間，接著是凌晨 1 點到 3 點的丑時走到肝經。」

陳先生：「也是啦！現在和以前的環境完全不一樣了。」

心理師：「對啊，像你常常需要飛去不同國家，年輕時也做過一些需要熬夜的工作，而身體對『時間』的判斷，其實是很有彈性的。譬如，你出差飛去某個國家，時差是六個小時，住了幾天，身體慢慢適應當地作息了。那麼你的睡眠時間到底是台灣的晚上十一點，還是那個國家的晚上十一點呢？你的氣血循環時間呢？」

陳先生：「這個有趣，我倒是沒想過！」

心理師：「你想想，在還沒退休前，你沒有給出這樣的規則，就算晚一點睡或是少睡一點，身體會動用它的資源自行調整，以前的你也不會這麼焦慮。反倒是現在退休了，你給自己訂下更多規定之後，焦慮反而都跑出來了！」

陳先生：「哎唷，照你這樣說，我這陣子一直規定自己要十一點睡，反而好像讓狀況變更糟哩？」

心理師：「沒錯，這是很多失眠患者常有的狀況，常出現一些**讓失眠惡化的信念**。而且，你仔細想想，發現自己睡眠有困擾之後，是不是開始『努力』做一些以前從來不會做的事情？像是剛剛說的，『每天確實盯著上床時間』、『確保每天都睡足七小時』、『努力在床上叫自己放鬆』等等……？」

Checklist ♥ 讓失眠惡化的常見信念

深信某些想法的人，其實更可能會失眠。我們整理了一些時常造成、維持或惡化失眠的想法，瀏覽一下這些想法，看看你是否認同這些觀點或做法。

☐ 每當失眠或者半夜醒來時，在查看時間之後，我應該努力躺在床上，讓自己快點睡著。

☐ 失眠會對身體造成嚴重健康危害，不可不慎。

☐ 每天都需要睡滿八小時，隔天上班、上課才不會受影響。

☐ 昨晚如果沒睡好，今天應該多睡一些午覺補眠。

☐ 好不好睡看人，是種天生的能力，我們無法透過什麼方法來改善。

☐ 白天如果我精神不佳、發脾氣，通常跟前一晚睡不好有直接關聯。

☐ 睡前一杯酒對健康與睡眠很有幫助。

☐ 使用安眠藥會讓自己「成癮」，沒必要時盡量別吃。

☐ 睡前在床上應該做點讓自己放鬆的事，像是看書、滑手機、看電視，等睡意慢慢出現再去睡覺。

你勾了幾項呢？事實上，上面提到的觀念或做法看似合理，也是許多失眠者時常認同的作法，但它們其實都會惡化失眠喔！深信或者努力做到上面描述的個案，失眠狀況往往會變得更加嚴重。

如果你覺得這些想法好像都很正確啊！到底錯在哪裡呢？不妨深入了解更多與失眠有關的資訊，如心靈工坊出版的《失眠保證班，無效免費：弄懂 18 種讓你徹夜難眠的心理和行為》便是一本極佳的參考讀物，引導你一起學習更多與睡眠、失眠有關的知識。

＊　　＊　　＊

陳先生：「當然啦，以前沒有睡眠困擾，我當然不會特別在意這些啊。就是因為覺得睡眠變差了，我才開始關心的啊！」

心理師：「是的，因為很努力，自從睡眠出現困擾之後，我們很努力地希望能改善。但我要藉由剛剛的討論點出的是，很多我們試圖用來幫助自己的做法，後來往往讓問題變得更嚴重。」

陳先生：「我只忙著努力好好睡覺，卻沒發現，原來是『努力』讓我睡得更不好……」

心理師：「對，在諮商室裡，這種常見的現象稱為『調節失敗』。」

陳先生：「我突然想起，之前帶過的員工，有些人也是很努力，但努力的方向不對，反而讓他的績效變得更差。」

心理師：「沒錯！概念是類似的。」

陳先生：「那，我可以怎麼改呢？」

心理師：「我們先聚焦在睡不好這件事情上。我想邀請你翻轉一下對於『睡不好』這件事的觀點。在十一點要準備睡覺的時候，你一直努力告訴自己『一定要睡著！不可以失眠。』如果這樣做幫助不大的話，我們可以反過來思考另一種方法。」

陳先生：「反過來？」

心理師：「對，當你發現自己睡不著、睡不好時，可以試試看一種叫做『矛盾意向法』的方法。」

陳先生：「矛盾意向？」

心理師：「是這樣子的，下次當你覺得睡不著時，請你告訴自己：『我就是不能睡，我就是不要睡』。」

陳先生：「啊？！」

心理師：「哈哈，你沒聽錯，這個步驟其實就是希望失眠的人躺在床上，張開眼睛，盡量保持清醒，和內心喊話，叫自己不要睡。」

陳先生：「這太奇怪了！」

心理師：「沒錯，但很有趣的地方是，在這樣的建議之後，許多人表示，一直想著不要睡、不要睡，反而就不知不覺睡著了。」

陳先生：「這聽起來很奇怪，眞的有效嗎？」

心理師：「不知道你有沒有類似經驗，以前學生時代，上課很想打瞌睡的時候，你總是會在心裡跟自己說：『不要睡、不要睡，上課不能睡覺，老師看到就倒大楣了……』可是，在這樣的想法之下，睡意是不是反而愈來愈強了？」

愈擔心、愈害怕，就更不好睡

陳先生：「這樣說我比較懂了。」

心理師：「對啊，當你愈害怕、擔心時，你就愈焦慮。反過來說，如果坦然地去面對我現在就是睡不著的事實，好好接受這個狀態之後，事情反而會變得很順利。焦慮一減少之後，睡意就來了。」

陳先生：「這招感覺很不錯，我以前沒想過，回家之後來試試看。」

心理師：「對啊，試試看，翻轉『努力』這件事情，也許會帶來意想不到的轉變。」

陳先生：「好，我會努力『不努力』的。」

心理師：「哈哈，我想從這個角度繼續延伸談談。我也發現，你退休之後為了讓自己更好地『努力』，不只用在睡眠上，還包括其他地方，好比你很努力地運動、很努力地養生，在飲食方面也很努力地留意，這兩個禮拜，你也很努力地練習放鬆。我看到你很努力地，想讓自己在健康、體能上，不會因為退休、身體老化而受到太大的影響。」

陳先生：「是啊，我確實很努力。」

心理師：「對，你花了很多時間在照顧『身體』。還記得我們前一次會談時，有提到三力嗎？」

陳先生：「記得啊！是體力、腦力和心力。」

心理師：「仔細檢視的話，你花了很多力氣在照顧身體，基本上就是希望體力可以維持，甚至變好一點。但在這

認真的你，有好好休息嗎？——平衡三力，找回活力

個過程裡，好像不小心忽略了其他兩個力，特別是心力這部分。」

陳先生充實的退休生活

陳先生：「哎，是夠？如果我也好好照顧心力的話，是不是就會快樂一點了呢？除了養生之外，我的退休生活應該算滿豐富的。我常常在想，怎麼樣讓生活更精彩一點、豐富一點，我的女兒都叫我要『退而不休』。所以，除了養生之外，我也去上一些瑜珈課、社區大學什麼的，盡力把行程排得滿滿的。」

心理師：「嗯嗯，類似的狀況又出現了，我們來看看你努力排得滿滿的行程，有沒有真的讓你感覺生活是豐富的，讓心力得到照顧，也過得更開心了？」

陳先生：「豐富啊……」（若有所思貌）

心理師：「我這樣問好了：無論是退休之前，或是現在，你有沒有想像過所謂『豐富的退休生活』是什麼樣子？你心中最理想的退休生活，是由哪些內容構成的？」

陳先生：「退休後，大概有兩、三個月的時間，我見了一堆老同事和長官，參加了好多……嗯，歡送會。公司的人幫我整理了我工作這段時間到底做了哪些事。想想過去闖蕩職場，確實立下不少的成績。」

心理師：「嗯嗯。」

陳先生：「但這樣對比之後，退休反而讓我慌張了。我該如何充實退休的日子呢？像過去一樣，我開始安排一堆計畫。當然，我是行動派的，不只計畫而已，實際上也做了不少事。我出國，去真的想去的地方，不是為了工作。我也到處跟好朋友們聚會，每個月一次。出社會到現在，不同階段認識了許多不同的朋友。我也依照晚輩的期待，偶爾回到職場貢獻一下自己，所以有幾天我的角色是某些公司的顧問。還有幾天，我想陪陪我太太，和她一起去當志工，去幫助別人。」

心理師：「感覺退休後的日子，好像不比退休之前輕鬆啊！」

陳先生：「是啊，退休之後，每天都很『忙碌』，但這種忙讓我很踏實、很安心。」

心理師：「我聽到了一些有點矛盾的地方。忙碌帶給你安心的感覺，於是，你內心裡忙著養生、忙著讓生活步調充實、填滿空檔。但一旦這些東西開始不受控制，好比我們今天討論的睡眠，不如預期的出狀況了，你的心就開始焦慮了。這麼說好了，我感覺好像是底下隱約有股焦慮一直在，而檯面上這些努力，好像就是為了處理它，或讓它不要出來？」

陳先生：「恐慌也是焦慮，對吧？」

心理師：「是啊，愈是努力應付這樣的焦慮，有時反而造成反

效果，帶來更多新的焦慮。」

陳先生的深層憂慮

陳先生：「（沉默）……你會談過的其他退休人士，他們也跟
　　　　我一樣焦慮嗎？」

心理師：「有些人和你的狀況很類似。應該說，有一種特定
　　　　的焦慮，和你前陣子經驗到的恐慌發作其實有些關
　　　　聯。你還記得恐慌發作時，內心有種『快死掉』的
　　　　感覺嗎？」

陳先生：「是啊，當下我真的覺得自己好像快死了！」

心理師：「我試著把今天我們提到的『焦慮』、『努力』、『充
　　　　實』，還有『恐慌』這些概念連在一起，這是我的
　　　　猜測，想請你一起想想看。」

陳先生：「好，你說說看。」

心理師：「恐慌症那種『擔心自己快死掉的感覺』，其實對很
　　　　多人來說，並不是恐慌發作時才會感受到的。那種
　　　　焦慮，有時會淡淡、隱約地影響著我們，這種狀況
　　　　常常出現在人生的轉捩點，像是退休、患病、親人
　　　　去世時。」

陳先生：「喔？」

心理師：「對於退休之後的生活，你的努力我們都有目共睹。
　　　　醒過來的每分每秒、不管是體力上的養生，還是充

實生活，你都非常努力。退休之後，空閒時間變多了，但某種程度也意味著，我們更靠近人生的終點了。過去在職場，我們努力是爲了成就、榮譽、被看見，那麼退休後的努力是爲了什麼呢？」

陳先生：「我沒想過這個問題……」

心理師：「說白一點，終點其實就是人終將一死呢。而人類是少數能意識到自己終將一死的生物。有時，我們在努力的，就是希望能活更久一點。」

陳先生：「恐慌發作之後，我確實常常想到那種快死掉的感覺，眞的讓人不舒服。」

心理師：「我們有天會死，也害怕死，所以用盡各種努力避免這件事情發生。然而，有句話是這麼說的：『我們時常努力著避免死亡，卻沒有眞正的活著』。」

陳先生：「眞正的活著……」

心理師：「是啊，你想想看，從睜開眼睛開始，你的表現幾乎可說是養生比賽的第一名，生活也多采多姿。但這樣的充實忙碌，有沒有讓你的心裡感覺到踏實而豐富呢？有沒有更清楚自己是爲何而活的？或者，你覺得現在的生活方式，眞的是在『過生活』嗎？」

陳先生：「我沒想到，原來這跟害怕死亡有關係。」

心理師：「我想邀請你想想看，當我們提起死亡時，讓你最害怕的是什麼？」

陳先生：「不知道該怎麼說，我沒仔細想過這件事。提到死亡，傳統上都是能不談就不談。在我長大那個年代，死亡幾乎是禁忌，不太能隨便這樣說出口。」

心理師：「這也是我們沒有機會好好認識死亡的一個原因。提到死亡，有人最害怕的是自己被遺忘了，沒有人會再記得自己的存在。於是，他們很努力地試著在這個世界上留下什麼，就是爲了證明自己還存在。」

陳先生：「這是不是一部動畫的觀點？」

心理師：「答對了，你也看過《可可夜總會》喔！另外，有些

陳老向心理師聊到他對死亡的焦慮。

人對死亡最大的恐懼則是孤單。活著時，我們無論
　　做什麼事情都有人陪伴。但是碰上死亡，我們終究
　　得自己一個人去面對，沒有誰可以跟我們一起走這
　　條未知的路。」

陳先生：「是，死亡確實是自己一個人要面對的。」

心理師：「有些人想到死亡，最害怕的是失去控制。因為你
　　　　　不知道死亡會在什麼時間、用什麼樣的方式出現。
　　　　　你不知道自己最後會是因為生病還是意外去世，如
　　　　　果生病了，會持續多久呢？那一刻會在什麼時候來
　　　　　臨？」

陳先生：「這我有同感，不想生病跟死亡多少有關。」

心理師：「嗯嗯，有些人想到死亡最恐懼的，則是無法再維持
　　　　　『現在的樣子』。人類本來就不是『不朽』的，身
　　　　　體會變形、會腐化……這種衝擊，也是很多人擔憂
　　　　　死亡的原因。」

陳先生：「死亡，寫起來簡單兩個字，沒想到裡頭這麼複雜。」

心理師：「是啊，人們對死亡其實有著各式各樣不同的**恐懼**。」

 死亡焦慮與恐懼管理理論

　　身為萬物之靈，人類大腦與其他生物相比，有更好的思考與
預測能力。因此，聰明的大腦也有「能力」發現：我們終將一

死。心理學研究發現，像是經過墓園、看見意外現場，或者只是邀請受試者想像死亡，都可能讓我們的意識或潛意識出現與死亡有關的內容（好比此時閱讀這些文字的片刻），而不管是意識或潛意識接收到這些訊息，都會讓我們感到焦慮。

雪登·索羅門（Sheldon Solomon）與傑夫·林伯格（Jeff Greenberg）與湯姆·普什琴斯基（Tom Pyszczynski）三位學者依循這樣的脈絡，提出了「恐懼管理理論」（terror management theory）。該理論認為，死亡對人類帶來的恐懼是必然的，儘管害怕死亡的原因人人不盡相同（如：擔心死後的未知、害怕與家人分開等）。為了因應、處理這些焦慮，我們的行為會因此受到影響。一系列的研究發現，死亡焦慮可以影響一個人的決策行為。哪些決策會受影響呢？目前研究已發現如健康議題、偏見、經濟決策、政治態度等。

恐懼管理理論認為，當死亡焦慮透過「意識」層面影響我們時，我們傾向透過「否認」的方式來面對它。而當死亡焦慮以我們意識未察覺，也就是「潛意識」的方式影響我們時，人類會不自覺讓自己的行為盡可能符合「文化世界觀」（cultural world views），進而維護自尊，來緩衝這樣的焦慮。理論背後的想法是，當我們的言行符合我們所在文化的規範時，我們便有了意義上的歸屬感（好比，身為「台灣人」就算我死了，後代還有很多的台灣人將繼續延續這樣的身分），而這種歸屬將緩解我們潛意識感受到的焦慮。

在實驗室中，研究者操弄死亡恐懼的方法是，要求受試者想像並簡要地描述「自己死亡時的狀況」，盡可能詳細、快速地寫下自己認為肉體死亡發生時，以及死亡後的情形會是什麼。而潛意識的死亡焦慮，則可以透過閾下知覺刺激，如以極為快速的方式呈現與死亡有關的詞或圖片來操弄。

以潛意識方式刺激死亡焦慮後，受試者會更不願意使用防曬乳（因為在西方國家，曬黑是比較美的，而感覺到美是一種提升自尊的方式），這看起來是壞消息，因為這會讓我們更容易罹患皮膚癌。但潛意識的死亡焦慮也可能提升一個人運動的動機（當我們把運動視為一種提升自尊的方法時），從而讓一個人提升身心健康。而其他研究則發現，在促發潛意識的死亡焦慮後，受試者的道德感會變得更強烈（因為「道德感」是一種被文化認可的價值）。總而言之，潛意識的死亡焦慮可能引發我們做出的行為，有些對自己有利（積極運動）、有些有害（不願意用防曬乳），端賴我們所處的文化和個人自尊之間的關聯。

恐懼管理理論自從提出以來，在西方獲得了大量的支持。不過以台灣人為對象的研究結果，卻多數未能以重複驗證程序來支持。背後的差異是源於文化，或者是其他因素影響（如抽屜效應等），相關研究仍持續進行中。

陳先生：「你這麼一問，我剛剛腦中出現了兩個畫面。」

認真的你，有好好休息嗎？——平衡三力，找回活力

心理師：「好，願意分享看看嗎？」

陳先生：「如果，我就這樣離開世界了，我是不是就沒有機會參與到我孫女接下來的人生呢？有天，她們會組成新的家庭，有了新生命，但我死了，就看不到這些東西了，這是我剛想到的一個畫面。」

心理師：「還有另一個是什麼呢？」

陳先生：「我這輩子辛苦努力累積的成就，是不是在死亡那一刻就消失了！從工作第一天到現在，不管是人脈、地位，或者膚淺一點，講財富，好像在我死亡的那一刻就都消失了，沒辦法帶走……」

心理師：「退休之後，這麼多的努力，感覺都像是想緊抓著什麼，想讓自己還可以『停在這一刻』。這樣好像就不用面對未來，面對死亡終將到來的未來？」

陳先生：「我害怕、我焦慮，我緊緊抓住現在。但你說得對，時間一直在流逝，生命一直往前進，我們都知道，時間不等人。」

心理師：「當你想到，你沒有辦法參與孫女的未來，你害怕的是失去『未來的自己』；當你想到過去的成就都將消失，你害怕的是失去『過去的自己』。」

陳先生：「會不會，我這輩子的努力，其實也是徒勞？」

心理師：「當你的心還活在過去，或者是還沒到來的未來時，我們一切努力確實都是徒勞。」

陳先生：「但，我好像沒有其他選擇了。」

心理師：「面對這樣的焦慮，我們多少會慣性去抓住自己最熟悉、最能控制的部分。」

陳先生：「你指的是我這一輩子的各種『努力』嗎？」

心理師：「沒錯，你努力養生、努力運動，這些努力背後都是想要緊緊抓住一個『不會改變的自己』。因為這是目前為止，我們唯一可以掌控與想像得到的方法。使用過去慣用且有用的方法，來面對未來的未知人生。」

陳先生：「心理師，你這段話打破了我原本的世界……如果，我不抓住過去習慣的自己，我又能抓住什麼呢？」

心理師：「和許多個案工作的經驗告訴我，打破習慣的世界觀也許不是壞事呢……你注意到你剛才說『一輩子』嗎？當你提到這三個字的時候，我感覺，你認為自己的人生就是這樣了。前面一輩子的成就才算數，後面的東西好像都是剩下來的。」

陳先生：「確實，我常有這種感覺。」

心理師：「可是你才剛退休呢！接下來，你可能還有至少二十多年的人生。有沒有想過，其實你可以期待更多新的可能呢？你可以計畫一個完全不一樣的第二人生。真要這麼做，我們就得放下過去。如果你一直抓住過去的自己，就難有新的可能出現了。」

陳先生：「你說的是……原本以為聊死亡會死氣沉沉，但今天談到這些東西，很怪，反而讓我覺得有種把雲撥開、直接看到太陽的豁然開朗感。」

心理師：「時間差不多了，今天討論的主題和內容好像有點太多了。我們在這做個小收尾，可能還有些東西需要你回去再整理一下。」

陳先生：「今天主要談睡眠和害怕死亡，對吧？」

心理師：「對，一開始談到睡眠時，我們談到一個調節失敗的觀念，很多時候，我們想要用來解決問題的方式，最後反而製造了更大的問題。在睡眠這邊，我們分享了『矛盾意向法』。後來談到死亡焦慮，其實我們用的是有點類似的架構在討論，我們想用來克服死亡恐懼的方式，到後來反而讓原本的擔憂跟焦慮變得更嚴重了。」

陳先生：「不管是失眠還是怕死，我愈努力，結果愈焦慮！」

心理師：「沒錯。面對死亡焦慮，我們該做的也許是類似的：坦然面對，轉過身，直視它。你剛剛的比喻非常有趣，把雲撥開之後，太陽雖然刺眼，卻也會讓我們更清晰地看清楚更多事情。直視死亡，理解死亡焦慮，其實可以為人生帶來更多的意義。不過，這個話題，我們就留著下次討論了。下週見！」

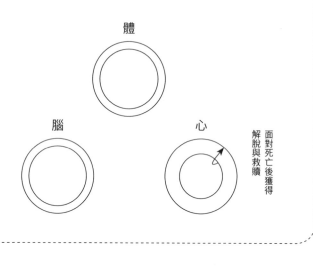

面對死亡焦慮後獲得解脫的陳老
三力圖

體

腦　　　　　　　　心　　面對死亡後獲得
　　　　　　　　　　　　解脫與救贖

　　這是探究死亡焦慮後，陳老先生未來的可能發展。表層上的症狀看似恐慌症，但我們點出了他「心力」不穩定的狀態，很可能源於死亡焦慮。我們讓這件事情從潛意識「浮出檯面」，讓原本會撼動心力的威脅與耗損，透過理解、正視，進而接納，被轉化成了「力量」，鬆綁了原本一定要控制一切的作為，反而更有機會得到退休生活裡真正的自由。

心理師的臨床筆記：陳老先生

現象（WHAT）

　　這是陳先生的第三次會談。剛開始時，我們主要聚焦在恐慌症狀與睡眠困擾的改善上。隨著會談進行，我們感受到陳先生身上一股隱約的焦慮仍存在著。似乎，在退休之後，他仍無法放鬆下來。為了活出精彩的退休人生、過著精實的健康生活，陳先生可說是「拚了命」在努力，因此也讓他在許多地方出現「過度調節」的結果，反而讓許多症狀無法自行改善。

概念化（WHY）

　　我們在會談中點出過度調節的觀念，並將那股瀰漫的焦慮，引導到與死亡相關的概念上。由於這是第三次會談，加上治療關係建立也算穩定，我們認為治療師與個案間的關係已經可以提及此概念。

　　在華人社會中，死亡是一個「忌諱」，能不提就不提。但在這個案例裡，退休這個「轉捩點」後引發的生活改變，加上老化時身心健康狀態改變所暗示的「失控感」，共同點出的死亡與焦慮議題，確實是我們必須面對的。

　　死亡焦慮引發的主要是心力耗損，但陳老先生卻將重點擺在體力的恢復上，並且有過多的努力與不合理信念。點出此現

象對陳老先生來說有其必要性。畢竟，看見死亡與其引發的焦慮和心力的耗損，正是做出改變的第一步。

介入（HOW TO）

將死亡帶到諮商議題上，我們引導陳老先生思考死亡的必然與可能性。發現他自身的生命經驗確實有些元素能與死亡議題有所呼應。陳老先生並不急於否認死亡的存在，反而能透過這個議題的帶入，進一步思考自己的人生，面對且接納死亡焦慮的議題後，反而有種撥雲見日的嶄新力量與自由感。將死亡議題帶入諮商室的初次嘗試看來頗有效果，但仍有相當多篇幅可以繼續延伸。在後續會談，我們可慢慢帶入更多存在心理諮商的其他課題（如：死亡、自由、孤獨、無意義等）。

📖 推薦閱讀

- 《凝視太陽：面對死亡恐懼（全新增訂版）》（2017），心靈工坊。
- 《怕死：人類行為的驅動力》（2016），机械工业出版社。
- 《存在心理治療（上）死亡》（2003），張老師文化。

SelfHelp 034

認真的你，有好好休息嗎？
——平衡三力，找回活力
Have You Ever Known How to Rest?
Eight Stories to Tell You How to Keep Your Body, Brain and Mind Well-Balanced
作者—黃天豪、吳家碩、蘇益賢

出版者—心靈工坊文化事業股份有限公司
發行人—王浩威　總編輯—徐嘉俊
特約編輯—周旻君　責任編輯—饒美君
封面設計—Ancy Pi　插圖—黃彥文　內文排版—李宜芝
通訊地址—10684台北市大安區信義路四段53巷8號2樓
郵政劃撥—19546215　戶名—心靈工坊文化事業股份有限公司
電話—02）2702-9186　傳真—02）2702-9286
Email—service@psygarden.com.tw　網址—www.psygarden.com.tw

製版・印刷—中茂製版印刷股份有限公司
總經銷—大和書報圖書股份有限公司
電話—02）8990-2588　傳真—02）2290-1658

通訊地址—248新北市五股工業區五工五路二號
初版一刷—2020年2月　初版四刷—2024年7月
ISBN—978-986-357-174-2　定價—380元

國家圖書館出版品預行編目資料

認真的你，有好好休息嗎?:平衡三力,找回活力 / 黃天豪, 吳家碩, 蘇益賢著. -- 初版. --
臺北市 : 心靈工坊文化, 2020.02
面；　公分. -- (SH ; 34)

ISBN 978-986-357-174-2(平裝)

1.心理治療 2.心理諮商

178.8　　　　　　　　　　　　　　　　　　　　　　　　　109000597

心靈工坊 ❀ 書香家族 讀 友 卡

感謝您購買心靈工坊的叢書，為了加強對您的服務，請您詳填本卡，
直接投入郵筒（免貼郵票）或傳真，我們會珍視您的意見，
並提供您最新的活動訊息，共同以書會友，追求身心靈的創意與成長。

書系編號－SH034　　　書名－認真的你，有好好休息嗎？——平衡三力，找回活力

姓名 ＿＿＿＿＿＿＿＿＿＿＿　是否已加入書香家族？ □是 □現在加入

電話（公司）＿＿＿＿＿（住家）＿＿＿＿　手機＿＿＿＿＿＿

E-mail ＿＿＿＿＿＿　生日　年　　月　　日

地址 □□□ ＿＿＿＿＿＿＿＿＿＿＿＿＿＿＿

服務機構／就讀學校 ＿＿＿＿＿＿＿＿　職稱 ＿＿＿＿

您的性別—□1.女 □2.男 □3.其他

婚姻狀況—□1.未婚 □2.已婚 □3.離婚 □4.不婚 □5.同志 □6.喪偶 □7.分居

請問您如何得知這本書？
□1.書店 □2.報章雜誌 □3.廣播電視 □4.親友推介 □5.心靈工坊書訊
□6.廣告DM □7.心靈工坊網站 □8.其他網路媒體 □9.其他

您購買本書的方式？
□1.書店 □2.劃撥郵購 □3.團體訂購 □4.網路訂購 □5.其他

您對本書的意見？
封面設計　　□1.須再改進 □2.尚可 □3.滿意 □4.非常滿意
版面編排　　□1.須再改進 □2.尚可 □3.滿意 □4.非常滿意
內容　　　　□1.須再改進 □2.尚可 □3.滿意 □4.非常滿意
文筆／翻譯　□1.須再改進 □2.尚可 □3.滿意 □4.非常滿意
價格　　　　□1.須再改進 □2.尚可 □3.滿意 □4.非常滿意

您對我們有何建議？

＿＿＿＿＿＿＿＿＿＿＿＿＿＿＿＿＿＿＿＿＿＿＿＿＿＿

＿＿＿＿＿＿＿＿＿＿＿＿＿＿＿＿＿＿＿＿＿＿＿＿＿＿

廣　告　回　信
台北郵局登記證
台北廣字第1143號
免　貼　郵　票

台北市106 信義路四段53巷8號2樓
讀者服務組　收

免　貼　郵　票

（對折線）

加入心靈工坊書香家族會員
共享知識的盛宴，成長的喜悅

請寄回這張回函卡（免貼郵票），
您就成為心靈工坊的書香家族會員，您將可以——

⊙隨時收到新書出版和活動訊息

⊙獲得各項回饋和優惠方案